Halt an!

Georg Meusburger

Halt an!

Bußfeiern mit Symbolen

Mit CD-ROM

Matthias-Grünewald-Verlag · Mainz

Den Migliedern
des Liturgiekreises der Pfarre Hard

Quellennachweis:
S. 75: Gertrud Schneller, Das Wiedersehen. Rechte bei der Autorin.
S. 110f: Wilhelm Willms, wussten sie schon, aus: Wilhelm Willms, der geerdete himmel, wiederbelebungsversuche. © 1974 Verlag Butzon & Bercker, Kevelaer, 7. Aufl. 1986, 5.5 (gekürzt).
S. 180: Gisela Mertens, Heimat ist Geborgenheit. Rechte bei der Autorin.

Der Matthias-Grünewald-Verlag ist Mitglied
der Verlagsgruppe Engagement

Bibliografische Information Der Deutschen Bibliothek
Die Deutsche Bibliothek verzeichnet diese Publikation in der Deutschen Nationalbibliografie; detaillierte bibliografische Daten sind im Internet über http://dnb.ddb.de abrufbar.

Umschlag: Kirsch Kommunikationsdesign GmbH, Walluf
Satz: Jörg Eckart · dtp studio mainz
Druck und Bindung: PbTisk s.r.o., Pribram, Tschechien
ISBN 3-7867-2578-0

Inhalt

Vorwort

Bußfeiern sind fester Bestandteil im gottesdienstlichen Leben unserer Gemeinde.
Halt an! – Eine Bußfeier soll den Menschen im Advent und in der Fastenzeit die Möglichkeit zur Besinnung und zur „Kurskorrektur" geben.
Die vorliegenden Gottesdienste möchten dazu anregen. Sie sind zum größten Teil in unserem Liturgiekreis entstanden: Themen, Ideen, Vorschläge, Fragen zu den einzelnen Punkten der Gewissenserforschung habe ich mit dessen Mitgliedern erarbeitet.
Wir haben dabei in der Regel nach „Gegenständen aus dem Alltag", nach einem Symbol gesucht, das wir den Leuten in die Hand geben konnten.
Der Aufbau der Bußfeier hat nahezu immer die gleiche Grundform. Manche Bußfeiern sind umfangreich. Dort besteht durchaus die Möglichkeit, einzelne Teile herauszugreifen und zum Beispiel bei der Gewissenserforschung bestimmte Bereiche auszuwählen. Natürlich lassen sich die einzelnen Teile und Gebete auch als Bausteine für Eigenes verwenden.
Bilder, wie ich sie bei den Bußfeiern verwendet habe, sind heute alle im Internet zu finden. Sie können entweder auf Folien mit dem Overheadprojektor oder mit Notebook und Beamer projiziert werden. Selbstverständlich gibt es zu verschiedenen Motiven auch Dias, die verwendet werden können.
Die „Gegenstände aus dem Alltag" sind relativ einfach zu bekommen.
Bei manchen Bußgottesdiensten habe ich ein paar Tipps dazu gegeben.
Ich freue mich, wenn diese Bußfeiern in den Pfarrgemeinden eine Hilfe sind, den Weg zu Umkehr und Versöhnung zu finden.

Georg Meusburger

Bußfeiern im Advent

Wie ein Tannenzapfen

Vorbereitung
Für die GottesdienstteilnehmerInnen: MinistrantInnen teilen an alle Mitfeiernden Tannenzapfen aus.
Kirchenraum: Bilder: Geschlossener Tannenzapfen, Tannenzapfen auf Boden, geöffneter Tannenzapfen, Zapfen von Pinien.

Einzug: Orgel

Liturgischer Gruß
Im Namen des Vaters und des Sohnes und des Heiligen Geistes. – Amen.
Der Herr sei mit euch. – Und mit deinem Geiste.

Begrüßung
Zu unserer Bußfeier als Einstimmung auf das Fest der Geburt Christi möchte ich Sie alle herzlich begrüßen.
Sie haben sich auf den Weg gemacht – hierher – in diese Kirche zur Bußfeier.
Wir wollen zurückschauen: jede und jeder auf das Stück Weg, das er in der letzten Zeit gegangen ist.
Der Tannenzapfen, den Sie am Eingang bekommen haben, kann uns Hilfe sein für die Anregungen zur Gewissenserforschung. Er soll uns ansprechen, seine Eigenschaften können eine Botschaft für uns sein. Der Tannenzapfen soll ein Symbol für diese Feier sein.

Lied: Mache dich auf (Tr 507)*

* Tr = Liederbuch „Troubadour für Gott", hg. vom Kolping-Bildungswerk, Diözesanverband Würzburg e.V., Sedanstr. 25, 97082 Würzburg.

Gebet

Heiliger Gott, du hast uns das Leben geschenkt, und du willst, dass wir leben. Du bist das Licht in unserer Nacht.
Heiliger, starker Gott, du bist die Liebe, und in dieser Liebe hast du dich uns in deinem Sohn Jesus Christus geschenkt. Du bist uns Menschen nahe.
Heiliger, starker, unsterblicher Gott, du warst vor Beginn aller Zeiten und wirst noch sein, wenn alle Zeiten vergangen sind. Du bist der Herr unserer Jahre und Tage.
Heute Abend stehen wir vor dir, um Rechenschaft abzulegen, was wir aus den Geschenken gemacht haben, die du uns gegeben hast: aus dem Geschenk unseres Lebens, aus dem Geschenk deiner Nähe, aus dem Geschenk unserer Jahre und Tage.
Hilf uns, dass wir dies mit aufrichtigem Herzen tun, damit wir erkennen, wo wir uns verirrt und wo wir gefehlt haben. Lass uns bereit werden, dort umzukehren, wo es nötig ist. Und schenk uns dein Wort, damit wir uns neu an dir orientieren können.
Darum bitten wir durch deinen Sohn, der mit dir und dem Heiligen Geist lebt, jetzt und in Ewigkeit. – Amen.

Einleitung

Ich lade Sie in dieser Bußfeier ein, auf Ihre Fehler, Versäumnisse und Sünden zu schauen. Dann dürfen wir voll Vertrauen Gott um Verzeihung bitten. Wir dürfen unsere Schuld zurücklassen und nach vorne schauen, auf das, was uns in der kommenden Zeit erwartet.

Evangelium: Mt 9,1–8

Jesus stieg in das Boot, fuhr über den See und kam in seine Stadt. Da brachte man auf einer Tragbahre einen Gelähmten zu ihm. Als Jesus ihren Glauben sah, sagte er zu dem Gelähmten: Hab Vertrauen, mein Sohn, deine Sünden sind dir vergeben! Da dachten einige Schriftgelehrte: Er lästert Gott. Jesus wusste, was sie dachten, und sagte: Warum habt ihr so böse Gedanken im Herzen? Was ist leichter, zu sagen: Deine Sünden sind dir vergeben!, oder zu sagen: Steh auf und geh umher? Ihr sollt aber erkennen, dass der Menschensohn die Vollmacht hat, hier auf der Erde Sünden zu vergeben. Darauf sagte er zu dem Gelähmten: Steh auf, nimm deine Tragbahre, und geh nach Hause! Und der Mann stand auf und ging heim. Als die Leute das sahen, erschraken sie und priesen Gott, der den Menschen solche Vollmacht gegeben hat.

GEWISSENSERFORSCHUNG

1. Geschlossener Tannenzapfen – geschützt durch das Harz

Bild: Geschlossener Tannenzapfen

Hinführung
Der grüne Tannenzapfen: Er ist geschlossen. Das Harz bildet eine Schutzschicht.
Die jungen Tannenzapfen werden so geschützt, bis sie selber die Samen abgeben.
Kinder brauchen den Schutz des Elternhauses, damit sie in einer guten Atmosphäre aufwachsen und gedeihen können.
Erwachsene brauchen immer wieder in regelmäßigen Abständen einen Raum, in dem sie sich nach außen abschirmen können, in dem sie sich zurückziehen können, einen Raum der Intimität, einen Raum der Ruhe.

Fragen
- Gebe ich meinen Kindern Schutz, dass sie in einer geborgenen Atmosphäre aufwachsen können?
- Schütze ich in Gesprächen und Unterhaltungen den Ruf anderer Menschen?
- Schütze ich mich selber, indem ich mich zurückziehe, indem ich mir selber einen Raum der Ruhe gebe?
- Suche ich in diesem Raum der Ruhe auch Zwiesprache mit Gott?
- Schütze ich das Glaubensleben unserer Familie davor, unmerklich zu verkümmern?
- Schütze ich den Namen Gottes vor Verniedlichung und Arroganz?

– Stille –

Musik: instrumental oder Lied

– Stille –

2. Tannenzapfen suchen gesunden Boden

Bild: Tannenzapfen auf gesundem Boden

Hinführung

Die Tanne braucht gesunden Boden, um wachsen und gedeihen zu können. Deshalb suchen die Samen in den Tannenzapfen gesunden Boden.
Die Tanne kann nur im Wald hoch wachsen. Im Wald ist jeder Baum ein Individuum, hat jeder Baum sein eigenes Ich. – Nur der Wald, nur die Gemeinschaft der Bäume ermöglicht das Leben jedes Baumes.
Der Wind trägt die Samen weiter, damit sich der Wald ausbreiten kann.

Fragen

- Suche ich gesunden Boden für alle um mich herum, damit sie wachsen und gedeihen können?
- Sorge ich dafür und leiste ich meinen Beitrag, dass überall, wo ich bin, ein gutes Klima herrscht, dass sich jeder Einzelne entfalten kann?
- Sorge ich mich um gesundes Erdreich für alles, was ich in die Hand nehme und tue?
- Schaffe ich die Voraussetzungen, dass meine Arbeit Frucht bringt?
- Respektiere ich bei jedem Menschen die eigene Persönlichkeit und Einzigartigkeit?
- Kann ich annehmen, dass jeder Mitmensch ein eigenes unverwechselbares Ich hat?
- Kann ich ihm damit auch seine Eigenständigkeit lassen?
- Zwinge ich anderen Menschen meine Meinung auf?
- Verzichte ich darauf, neidvoll das Tun anderer abzuwerten?
- Kann ich mich am Erfolg und Glück anderer freuen?

- Kann sich jeder Mitmensch in den Gruppen und Gemeinschaften, in denen ich bin, entfalten?

– *Stille* –

Musik: instrumental oder Lied

– *Stille* –

3. *Die Tannenzapfen sind zunächst geschlossen – um die Frucht herauszulassen, müssen sie sich öffnen*

Bild: Geöffneter Tannenzapfen

Hinführung
Die Tannenzapfen sind zuerst geschlossen. Um die Frucht herauszulassen, müssen sie sich öffnen.
Die Tannenzapfen lassen los, müssen sterben, damit ein neuer Anfang möglich wird.
So ist es in unserem Leben: Wir müssen vieles loslassen, damit ein neuer Anfang möglich wird.

Fragen
- Wie geht es mir, wenn ich etwas Altes, das ich lieb gewonnen habe, loslassen muss?
- Kann ich eine Idee aufgeben, um etwas Neuem Platz zu machen?
- Wir sind gefordert, wenn es ans Eingemachte, wenn es um Wesentliches geht. Kann ich etwas Neues in mir erblühen lassen?
- Lasse ich zu, dass sich Neues um mich herum ausbreitet?
- Kann ich mir vorstellen, dass Gott als Gott der Lebenden Spaß an einer abwechslungsreichen Beziehung zum Menschen hat?
- Bin ich bereit, neue Formen des Glaubens zu suchen, um Erstarrtes wieder lebendig werden zu lassen?

– *Stille* –

Musik: instrumental oder Lied

– Stille –

4. Zapfen von Pinien

Bild: Zapfen von Pinien

Hinführung
Die Pinien im Yellowstone National Park sind abgebrannt. Durch die Wärme, die aufstieg, öffneten sich die Zapfen und die Samen waren bereit, herauszufallen. Die ganze Strauchvegetation ist verbrannt und wurde zu einem guten Boden. Es war genug Licht da. Die ganze Konkurrenzvegetation war weg.
Eineinhalb Jahre später sind die Pinien wieder gewachsen. In der Tiefe der Erde wurde nichts verletzt. Neues Leben ist entstanden. Der Waldboden ist aufgeblüht.
Später haben Wissenschaftler festgestellt, dass der Brand ein Segen war.

Fragen
- Kann es sein, dass eine Katastrophe in meinem Leben ungekannte Möglichkeiten schafft?
- Kann es sein, dass etwas Schweres, das ich in meinem Leben zu tragen habe, mir neue Chancen gibt?
- Kann ich verstehen, dass es mir nicht unentwegt gut gehen muss, weil Reife und Fortschritt erst aus der Herausforderung wachsen?
- Kann etwas Ungeahntes mir neue Perspektiven geben?
- Kann ich darauf verzichten, Gott für alles verantwortlich zu machen?
- Kann ich glauben, dass mir Gott in seiner väterlichen Liebe gerade in schweren Situationen besonders nahe ist?
- Kann ich demütig zulassen, dass ich Gottes Wege nicht immer verstehen kann?

– Stille –

Musik: instrumental oder Lied

– Stille –

Lied: Mache dich auf (Tr 507)

Schuldbekenntnis und Vergebungsbitte
Bekennen wir vor Gott und voreinander unsere Schuld:
Ich bekenne Gott, dem Allmächtigen ...

Ich lade Sie ein, beide Hände auszustrecken, um offen zu sein für Gottes Vergebung. In der einen Hand halten Sie den Tannenzapfen. Offene Hände sind wie eine Schale, wie eine empfangende Geste. Wir öffnen die inneren Augen und Ohren.
Nachlass, Vergebung und Verzeihung schenke uns der allmächtige und barmherzige Herr:
Der Vater, der Sohn und der Heilige Geist. – Amen.

Lied: Beim Herrn ist Barmherzigkeit (GL 82,1)

Zeichen setzen
Ich möchte Sie dazu ermuntern, dass Sie auf Ihre gedankliche Bereitschaft zur Umkehr auch Taten folgen lassen. Sie haben am Eingang einen Tannenzapfen bekommen. Sie können ihn mit ihrem Nachbarn tauschen und dann mit nach Hause nehmen. Er kann für Sie eine Anregung sein:
- Ich kann den Tannenzapfen jemandem bringen, mit dem ich mich versöhnen möchte.
- Ich kann jemand um Verzeihung bitten, wenn ich ihn gekränkt habe.
- Ich kann für mich selber etwas in Ordnung bringen.

Lied: O Heiland, reiß die Himmel auf (GL 105)

Segen
Gott, der uns Vater und Mutter ist,
er segne und helfe uns, einander zu helfen,
dass wir hören lernen mit unseren eigenen Ohren
auf den Klang unseres Namens,
auf die Sprache der Liebe,
auf die Wahrheit der Weisen
und das Wort der Verheißung.
So segne uns der allmächtige Gott:
Der Vater, der Sohn und der Heilige Geist. – Amen.

Nach Lothar Zenetti

Entlassung
Gottes Licht möge euch begleiten.
Gehet hin und bringet Frieden. – Dank sei Gott, dem Herrn.

Macht hoch die Tür

Vorbereitung
Für die GottesdienstteilnehmerInnen: Ein Bild von einer Tür.
Kirchenraum: Bilder: Offene Tür, geschlossene Tür, geschlossene Tür mit Schlüssel.

Einzug: Orgel

Liturgischer Gruß
Im Namen des Vaters und des Sohnes und des Heiligen Geistes. – Amen.
Der Herr sei mit euch. – Und mit deinem Geiste.

Begrüßung
Zur Bußfeier als Einstimmung auf das Fest der Geburt Christi möchte ich Sie alle herzlich begrüßen.
Sie haben sich auf den Weg gemacht – hierher – in diese Kirche zur Bußfeier.
Das Bild der Tür, das Sie am Eingang bekommen haben, kann uns Hilfe sein für die Anregungen zur Gewissenserforschung. Das Bild soll uns ansprechen und eine Botschaft für uns sein. Die Tür soll zum Symbol dieser Feier werden.

Lied: Macht hoch die Tür, 1–3 (GL 107)

Gebet
Heiliger Gott, wir öffnen uns jetzt für deine Gegenwart.
Lass uns spüren, dass du anwesend bist,
dass du mit der Kraft deines Geistes unter uns wirkst,
dass du uns in Bewegung setzt und uns hilfst, unsere Fehler und Schuld zu entdecken.
Lass uns in dieser Feier aufmerksam werden auf alles, was uns von dir trennt.

Darum bitten wir durch deinen Sohn, der mit dir und dem Heiligen Geist lebt, jetzt und in Ewigkeit. – Amen.

Einleitung

Die Tür ist ein Symbol, das uns im Advent begleiten kann.

Mit Türen haben wir alle unsere Erfahrungen. Niemand von uns kann sagen, durch wie viele Türen er schon im Laufe des Lebens gegangen ist.

Durch manche Türen gehe ich gerne. Die Tür zu unserer Wohnung, die Tür zu meinem Zimmer, die Tür zu meinem Freund ist immer offen. Durch diese Türen gehe ich gerne.

Manche Türen machen mich neugierig. Wenn vor Weihnachten einige Türen verschlossen sind, Türen zu einem Schrank, in dem ich Schätze und Überraschungen vermute, dann machen mich diese Türen neugierig.

Es gibt Türen, vor denen ich warten muss: beim Arzt. Türen, vor denen ich mit Herzklopfen stehe: beim Sozialamt, beim Jugendamt, beim Arbeitsamt. Es gibt Türen, da habe ich Angst, sie zu öffnen: die Tür zu einem Krankenhaus, zu einem Sterbezimmer, die Tür zu einem Menschen, der mich nicht mag.

Ich lade Sie in dieser Bußfeier ein, auf die Fehler, Versäumnisse, Sünden zu schauen. Dann bitten wir Gott um Verzeihung und um Nachlass unserer Schuld; wir lassen all das zurück, was uns belastet, und schauen nach vorne zu dem, was uns im kommenden Jahr erwartet.

Evangelium: Lk 1,26–38

Im sechsten Monat wurde der Engel Gabriel von Gott in eine Stadt in Galiläa namens Nazaret zu einer Jungfrau gesandt. Sie war mit einem Mann namens Josef verlobt, der aus dem Haus David stammte. Der Name der Jungfrau war Maria. Der Engel trat bei ihr ein und sagte: Sei gegrüßt, du Begnadete, der Herr ist mit dir. Sie erschrak über die Anrede und überlegte, was dieser Gruß zu bedeuten habe. Da sagte der Engel zu ihr: Fürchte dich nicht, Maria; denn du hast bei Gott Gnade gefunden. Du wirst ein Kind empfangen, einen Sohn wirst du gebären: dem sollst du den Namen Jesus geben. Er wird groß sein und Sohn des Höchsten genannt werden. Gott, der Herr, wird ihm den Thron seines Vaters David geben. Er wird über das Haus Jakob in Ewigkeit herrschen, und seine Herrschaft wird kein Ende haben. Maria sagte zu dem Engel: Wie soll das geschehen, da ich keinen Mann erkenne? Der Engel antwortete ihr: Der Heilige Geist wird über dich kommen, und die Kraft des Höchsten wird dich überschatten. Deshalb wird auch das Kind heilig und Sohn Gottes genannt werden. Auch Elisabeth, deine Verwandte, hat noch in ihrem Alter einen Sohn empfangen; obwohl sie als unfruchtbar galt, ist sie jetzt schon im sechsten Monat. Denn für Gott ist nichts unmöglich. Da sagte Maria: Ich bin die Magd des Herrn; mir geschehe, wie du es gesagt hast. Danach verließ sie der Engel.

GEWISSENSERFORSCHUNG

1. Die Tür offen lassen

Bild: Offene Tür

Hinführung
Eine Mutter sagt ihrem Sohn: Wenn du nicht um 12 Uhr da bist, dann ist die Tür zu. Dann kommst du nicht herein. Der Sohn hat auswärts geschlafen, hat einen seelischen Schaden davon getragen und ist jetzt in Therapie. Die Tür war nicht offen.
Die offene Tür ist eine Einladung für andere, dass sie bei mir eintreten können, dass sie in mein Leben eintreten können.
Die offene Tür ist ein Zeichen, dass ich andere an mich heranlasse.
Meine Tür ist offen, und ich bin bereit, die Anliegen anderer anzuhören.

Fragen
- Lasse ich für meine Kinder, für die Verwandten und Freunde die Tür offen, auch wenn sie Wege gehen, mit denen ich nicht einverstanden bin?
- Ist meine Tür offen, dass sich andere bei mir als Gäste wohl fühlen?
- Bin ich selber offen für andere Menschen?

– Stille –

Musik: instrumental oder Lied

– Stille –

2. Die Tür zuschlagen

Bild: Geschlossene Tür

Hinführung
Ich schlage vor dem anderen eine Tür zu und verweigere damit ein Gespräch mit ihm.
Ich schlage eine Tür zu, indem ich einer Auseinandersetzung aus dem Weg gehe.
Ich schlage eine Tür zu, indem ich meinem Gegenüber signalisiere, dass ich mit ihm nichts mehr zu tun haben will.
Manchmal schlage ich anderen die Tür vor der Nase zu. Ich bin verschlossen und abweisend.
Wenn ich mit jemandem zanke und streite, dann schlage ich oft aus Wut Türen zu.
Manche Türen sind für immer zu.

Fragen
- Stoße ich andere durch mein Verhalten vor den Kopf?
- Verletze ich durch meinen Jähzorn andere Menschen?
- Bin ich anderen Menschen gegenüber verschlossen? Verschlossen durch Gleichgültigkeit und Vorurteile?
- Bin ich uninteressiert und abweisend?

– Stille –

Musik: instrumental oder Lied

– Stille –

3. Die Tür zusperren

Bild: Geschlossene Tür mit Schlüssel

Hinführung
Jesus ist in die Wüste gegangen, um allein zu sein.
Er hat sich so auf seine Aufgabe vorbereitet.
Ich sperre die Tür zu, kann auch heißen, dass ich mich abgrenze und für mich sein will, dass ich allein sein will.
Ich sperre die Tür zu und signalisiere den anderen, dass ich sie nicht an mich heranlasse.

Fragen
- Wie geht es mir, wenn ich als Vater oder Mutter erlebe, dass die heranwachsenden Kinder ihre Zimmertür zusperren?
- Wie geht es mir, wenn meine Kinder vor mir „zusperren"?
- Wie geht es mir, wenn andere die Tür vor mir absperren?
- Kann ich mich abgrenzen und auch einmal allein sein?
- Gönne ich mir einen Raum des Alleinseins und der Stille?

– Stille –

Musik: instrumental oder Lied

– Stille –

4. Durch die Tür eintreten

Bild: Offene Tür

Hinführung
Ich kann durch eine Tür eintreten und mir damit respektlos Zutritt verschaffen.
Ich kann durch eine Tür eintreten und damit die Intimsphäre eines anderen verletzen.

Ich kann durch mein Verhalten wie ein Elefant im Porzellanladen einen Scherbenhaufen verursachen.

Fragen

- Wo und wie bin ich anderen zu nahe getreten?
- Wo bin ich respektlos mit anderen umgegangen?
- Wo habe ich die Intimsphäre des anderen verletzt?

– Stille –

Musik: instrumental oder Lied

– Stille –

Lied: Mache dich auf (Tr 507)

Schuldbekenntnis und Vergebungsbitte

Bekennen wir vor Gott und voreinander unsere Schuld:
Ich bekenne Gott, dem Allmächtigen ...

Nachlass, Vergebung und Verzeihung schenke uns der allmächtige und barmherzige Herr:
Der Vater, der Sohn und der Heilige Geist. – Amen.

Liedruf: Beim Herrn ist Barmherzigkeit (GL 82,1)

Zeichen setzen

Ich möchte Sie dazu ermuntern, dass Sie Ihrer gedanklichen Bereitschaft zur Umkehr auch Taten folgen lassen. Sie haben am Eingang das Bild von einer Tür bekommen. Sie können es mit ihrem Nachbarn tauschen und dann mit nach Hause nehmen. Die Tür kann für Sie eine Anregung sein:

- Ich kann das Bild der Tür jemandem bringen, mit dem ich mich versöhnen möchte.
- Ich kann jemand um Verzeihung bitten, wenn ich ihn gekränkt habe.
- Ich kann für mich selber etwas in Ordnung bringen.

Lied: O Heiland, reiß die Himmel auf, 1–3 (GL 105)

Segen
Der Herr segne dich.
Er mache dich frei
von allen inneren und äußeren Zwängen.
Er gebe dir Mut und Kraft, deinen eigenen Weg zu gehen.
Er behüte dich
und schütze dich vor allem Unheil.
Er lasse sein Antlitz über dir leuchten,
sei dir gnädig und schenke dir reichlich Erbarmen.
Er schenke dir Frieden und Heil.
Lob und Tadel anderer sollen dich
weder beirren noch verwirren.
Angst soll nicht dein ständiger Begleiter sein.
Er schenke dir jeden Tag ein fröhliches Herz,
ein Lächeln auf deinen Lippen,
ein Lachen, das andere mitreißt und frei macht.
Mit seinem Segen sei er dir alle Zeit nahe,
umgebe dich mit seinem Beistand,
auf dass du wachsen und reifen kannst
und deinen Weg findest.
So bewahre dich der Herr, dein Gott,
der dich ins Leben rief und will,
dass du lebst und glücklich bist.
So segne uns der allmächtige Gott:
Der Vater, der Sohn und der Heilige Geist.
Amen.

Entlassung
Gottes Licht möge euch begleiten.
Gehet hin und bringet Frieden. – Dank sei Gott, dem Herrn.

Auszug: Orgel

Bereitet den Weg für den Herrn

Vorbereitung
Kirchenraum: Mit Stoff wird durch den Mittelgang ein Weg abgebildet. Auf dem Tuch liegen flache Steine. Auf den Steinen stehen Stichworte zu dem Thema der Bußfeier: „Was kann ich tun, um dem Herrn den Weg zu bereiten?“ Oder: SchülerInnen können flache Steine mit Stichworten – Möglichkeiten für den Advent – „beschriften“. Beispiele: eine Kerze anzünden, Bibel lesen, Krankenbesuch, Rorate. Es ist ein steiniger Weg, der „bereitet“ werden muss.
Bei jeder vierten oder fünften Bankreihe – je nach Größe der Kirche – sind auf beiden Seiten am Boden brennende Kerzen als „Orientierungshilfen“ für die GottesdienstteilnehmerInnen aufgestellt.

Musik: Orgel oder andere Instrumentalmusik

Liturgischer Gruß
Im Namen des Vaters und des Sohnes und des Heiligen Geistes. – Amen.
Der Herr sei mit euch. – Und mit deinem Geiste.

Begrüßung
Zur Bußfeier als Einstimmung auf das Fest der Geburt Christi möchte ich Sie alle herzlich begrüßen.
Sie haben sich auf den Weg gemacht – hierher – in diese Kirche zur Bußfeier.
Das Thema unserer heutigen Bußfeier ist „Bereitet dem Herrn den Weg! Ebnet ihm die Straßen!“ aus dem Lukasevangelium (Lk 3,1–6).
In der Mitte der Kirche sehen Sie einen Weg mit Steinen. Diesen Weg werden wir in unserer Feier frei machen.

Lied: Macht hoch die Tür, 1–3 (GL 107)

Gebet
Heiliger Gott, die Wochen des Advents geben uns Gelegenheit, dem Herrn den Weg für sein Kommen zu bereiten. Mache uns in dieser Feier offen und hilf uns, seine Wege zu gehen.
Darum bitten wir durch deinen Sohn, der mit dir und dem Heiligen Geist lebt, jetzt und in Ewigkeit. – Amen.

Einleitung
Ich lade Sie in dieser Bußfeier ein, auf die Fehler, Versäumnisse, Sünden zu schauen. Dann bitten wir Gott um Verzeihung, um Nachlass unserer Schuld, und wir lassen alles zurück und schauen nach vorne auf das, was uns im kommenden Jahr erwartet.

Evangelium: Lk 3,1–6
Es war im fünfzehnten Jahr der Regierung des Kaisers Tiberius; Pontius Pilatus war Statthalter von Judäa, Herodes Tetrarch von Galiläa, sein Bruder Philippus Tetrarch von Ituräa und Trachonitis, Lysanias Tetrarch von Abilene; Hohepriester waren Hannas und Kaiphas. Da erging in der Wüste das Wort Gottes an Johannes, den Sohn des Zacharias. Und er zog in die Gegend am Jordan und verkündigte dort überall Umkehr und Taufe zur Vergebung der Sünden. So erfüllte sich, was im Buch der Reden des Propheten Jesaja geschrieben steht:
Eine Stimme ruft in der Wüste:
Bereitet dem Herrn den Weg!
Ebnet ihm die Straßen!
Jede Schlucht soll aufgefüllt werden,
jeder Berg und Hügel sich senken.
Was krumm ist, soll gerade werden,
was uneben ist, soll zum ebenen Weg werden.
Und alle Menschen werden das Heil sehen, das von Gott kommt.

GEWISSENSERFORSCHUNG

1. Wo gehe ich fehl, indem ich mich weigere, dem Herrn den Weg zu bereiten?

Hinführung
Mit den Geschenken verdecke ich mein schlechtes Gewissen.
Geschenke sind oft ein Ersatz, wo ein Gespräch wertvoller wäre.
Mit dem Besorgen von Geschenken setze ich mich der Hektik der Geschäfte und des Konsums aus, statt in Zeiten der Stille dem Herrn den Weg zu bereiten.

Fragen
- Geschenke: Wie viel Zeit verwende ich für das Besorgen von Geschenken?
- Wo drücke ich mich um ein Gespräch mit einem Mitmenschen?
- Wo reihe ich mich ein in die Hektik der Geschäfte und des Konsums?

– *Stille* –

Einladung
Ich lade Sie in den letzten Bankreihen bis zur ersten Kerze ein, einen Stein zu holen. So wird der Weg frei. Sie können sich dabei überlegen, welche Steine Sie wegräumen sollten.

2. Besinne dich auf das Wesentliche!

Hinführung
Zur Ruhe finden
Ich will mit Gewalt eine Adventsstimmung herbeiführen.
Ich renne von einem Konzert zum anderen.
Ich pilgere von einer Ausstellung zur anderen.
Vor lauter Vorbereitung komme ich nicht zur Ruhe.
Ich lasse mich mit der Hektik mitziehen.

Fragen

- Bin ich mir bewusst, dass der Erfolg nicht von meiner Leistung abhängt?
- Bin ich mir bewusst, dass ich nicht ständig aktiv sein muss?
- Bringe ich es fertig, ein besinnliches Buch zu lesen?

– Stille –

Einladung

Ich lade Sie in den Bankreihen von der letzten bis zur vorletzten Kerze ein, einen Stein zu holen. So wird der Weg frei. Sie können sich dabei überlegen, welche Steine Sie wegräumen sollten.

Musik: Orgel oder andere Instrumentalmusik

– Stille –

3. Jede Schlucht wird aufgefüllt

Hinführung

Ein Tal trennt eine Seite von der anderen.
Eine Schlucht ist unheimlich.
Eine Schlucht ist wie ein Loch – da fehlt etwas.
Wenn ich in eine Schlucht hinunterschaue, sehe ich einen Abgrund.
Wenn ich gefehlt, gesündigt habe, sehe ich den Abgrund, der sich vor mir auftut.
Ich tappe in alle möglichen Löcher hinein.

Fragen

- Wo ist ein Tal, ein tiefes Loch zwischen mir und einem Mitmenschen?
- Wo gibt es bei mir Abgründe, weil ich gesündigt und gefehlt habe?
- Wo gibt es in meinem Leben Schluchten, die ich auffüllen müsste?

– Stille –

Einladung
Ich lade Sie in den Bankreihen von der zweiten bis zur dritten Kerze ein, einen Stein zu holen. So wird der Weg frei. Sie können sich dabei überlegen, welche Steine Sie wegräumen sollten.

4. Jeder Berg und Hügel soll sich senken

Hinführung
Ein Berg ist ein unüberwindliches Hindernis, zum Nächsten zu kommen. Zwischen mir und einem anderen Menschen ist ein großer Berg, den ich abtragen sollte – eine Versöhnung, die schon lange fällig ist.
Ich schaffe Berge um mich herum, damit niemand an mich herankommt.

Fragen
- Gehe ich manchen Mitmenschen aus dem Weg?
- Türme ich zwischen mir und meinen Mitmenschen Berge von Hindernissen auf?
- Schirme ich mich von meinen Mitmenschen so ab, dass niemand an mich herankommt?

Einladung
Ich lade Sie in den Bankreihen von der dritten bis zur vierten Kerze ein, einen Stein zu holen. So wird der Weg frei. Sie können sich dabei überlegen, welche Steine Sie wegräumen sollten.

– Stille –

Musik: Orgel oder andere Instrumentalmusik

– Stille –

5. Was krumm ist, soll gerade werden, was uneben ist, soll zum ebenen Weg werden

Hinführung
Ich gehe in meinem Leben krumme Wege.
Ich mache manchmal krumme Touren.
Ich gehe nicht den geraden Weg und bin auch selber nicht gerade und aufrichtig.

Fragen
- Wo nehme ich es mit der Wahrheit nicht genau?
- Wo bin ich unaufrichtig und verlogen?
- Wo mache ich krumme Touren?
- Wo kann ich mit meinen Mitmenschen nicht gut umgehen?

– Stille –

Einladung
Ich lade Sie in den Bankreihen von der vierten bis zur fünften Kerze ein, einen Stein zu holen. So wird der Weg frei. Sie können sich dabei überlegen, welche Steine Sie wegräumen sollten.

– Stille –

Musik: Orgel oder andere Instrumentalmusik

– Stille –

Lied: Mache dich auf (Tr 507)

Schuldbekenntnis und Vergebungsbitte
Bekennen wir vor Gott und voreinander unsere Schuld:
Ich bekenne Gott, dem Allmächtigen ...

Ich lade Sie ein, beide Hände auszustrecken, um offen zu sein für Gottes Vergebung. Die offenen Hände sind wie eine Schale, wie eine empfangende Geste.

Nachlass, Vergebung und Verzeihung schenke uns der allmächtige und barmherzige Gott:
Der Vater, der Sohn und der Heilige Geist. – Amen.

Liedruf: Beim Herrn ist Barmherzigkeit (GL 82,1)

Zeichen setzen
Ich lade Sie ein, mit den Nachbarn die Stichworte auf den Steinen zu vergleichen und eventuell die Steine miteinander zu tauschen.
- Ich kann den Stein jemandem bringen, mit dem ich mich versöhnen möchte.
- Ich kann jemand um Verzeihung bitten, wenn ich ihn gekränkt habe.

Lied: O Heiland, reiß die Himmel auf, 1–3 (GL 105)

Segen
Gottes Liebe gehe auf über dir gleich der Sonne, die sich im Osten erhebt, und lasse sein Angesicht leuchten in dir – schöner, als sie strahlt.
Er erfülle dich mit seinem Licht, und schenke dir Freude, hineinzugehen in den Tag – dir neu geschenkt.
Er lasse dich Freude finden am Leben und den Impulsen trauen, die er dir mitgegeben hat als Zeichen seiner Nähe.
Und das, was du begonnen und nicht beendet hast, das möge er vollenden.
Dazu segne uns der allmächtige Gott: Der Vater, der Sohn und der Heilige Geist. – Amen.

Entlassung
Gottes Licht möge euch begleiten.
Gehet hin und bringet Versöhnung und Frieden. – Dank sei Gott, dem Herrn.

Auszug: Orgel

Viele Nationen machen sich auf den Weg

Hinweis: Die vier Themen der Gewissenserforschung sind Sätze aus den Lesungen der vier Adventsonntage (Lesejahr A).

Vorbereitung

Für die GottesdienstteilnehmerInnen: MinistrantInnen teilen an die Mitfeiernden eine Karte mit einem Weg-Bild aus.
Kirchenraum: Bild mit einem Weg; außerdem: Bilder mit den Motiven „Pflugscharen – Schwerter", „Wolf beim Lamm", „Quelle in der Wüste", „Geburt eines Kindes" oder „Kind nach der Geburt" oder „Mutter mit Kind nach der Geburt".

Einzug: Orgel

Liturgischer Gruß

Im Namen des Vaters und des Sohnes und des Heiligen Geistes. – Amen.
Der Herr sei mit euch. – Und mit deinem Geiste.

Begrüßung

Zur Bußfeier als Einstimmung auf das Fest der Geburt Christi möchte ich Sie alle herzlich begrüßen.
Sie haben sich auf den Weg gemacht – hierher – in diese Kirche zur Bußfeier.
Das Thema unserer heutigen Bußfeier ist „Viele Nationen machen sich auf den Weg". Wir machen uns auf den Weg in Richtung Weihnachten.

Lied: Macht hoch die Tür, 1–3 (GL 107)

Gebet

Heiliger Gott, du bist treu und du kennst uns, siehst, wie wir leben und unser Leben verändern.

Hilf uns, in dieser Feier zu entdecken, wo wir vom Weg abgekommen sind.
Hilf uns, unseren Weg zu dir zu finden.
Darum bitten wir durch deinen Sohn, der mit dir und dem Heiligen Geist lebt, jetzt und in Ewigkeit. – Amen.

GEWISSENSERFORSCHUNG

Einleitung
Ich lade Sie in dieser Bußfeier ein, auf Fehler, Versäumnisse, Sünden zu schauen. Dann bitten wir Gott um Verzeihung, um Nachlass unserer Schuld, und wir lassen all unser Versagen zurück und schauen nach vorne auf das, was uns in der kommenden Zeit erwartet.

1. Dann schmieden sie Pflugscharen aus ihren Schwertern

Bild: Pflugscharen – Schwerter

Lesung: Jes 2,2–5
Am Ende der Tage wird es geschehen: Der Berg mit dem Haus des Herrn steht fest gegründet als höchster der Berge; er überragt alle Hügel. Zu ihm strömen alle Völker.
Viele Nationen machen sich auf den Weg. Sie sagen: Kommt, wir ziehen hinauf zum Berg des Herrn und zum Haus des Gottes Jakobs. Er zeige uns seine Wege, auf seinen Pfaden wollen wir gehen. Denn von Zion kommt die Weisung des Herrn, aus Jerusalem sein Wort.
Er spricht Recht im Streit der Völker, er weist viele Nationen zurecht. Dann schmieden sie Pflugscharen aus ihren Schwertern und Winzermesser aus ihren Lanzen. Man zieht nicht mehr das Schwert, Volk gegen Volk, und übt nicht mehr für den Krieg. Ihr vom Haus Jakob, kommt, wir wollen unsere Wege gehen im Licht des Herrn.

Hinführung
Scharfe, beißende Worte sind wie Schwerter, mit denen ich andere verletze.
Meine Waffen, andere zu verletzen, sind Spott und Feindseligkeit.
Meine Waffen, andere zu verletzen, sind Gehässigkeit und Mobbing.
Meine Waffen, andere zu verletzen, sind Schikanen und üble Nachrede.

Fragen
- Wie kann ich aus Schwertern Pflugscharen machen?
- Wie kann ich aufhören, andere zu verletzen mit beißendem Spott?
- Wie kann ich aufhören, andere zu verletzen mit Feindseligkeit und Gehässigkeit?

– Stille –

Musik: Orgel oder andere Instrumentalmusik

– Stille –

2. Dann wohnt der Wolf beim Lamm

Bild: Wolf beim Lamm

Lesung: Jes 11,1–2.6.9
An jenem Tag wächst aus dem Baumstumpf Isais ein Reis hervor, ein junger Trieb aus seinen Wurzeln bringt Frucht. Der Geist des Herrn lässt sich nieder auf ihm: der Geist der Weisheit und der Einsicht, der Geist des Rates und der Stärke, der Geist der Erkenntnis und der Gottesfurcht.
Dann wohnt der Wolf beim Lamm, der Panther liegt beim Böcklein.
Man tut nichts Böses mehr und begeht kein Verbrechen auf meinem ganzen heiligen Berg; denn das Land ist erfüllt von der Erkenntnis des Herrn, so wie das Meer mit Wasser gefüllt ist.

Hinführung
Ich fahre in Gesprächen und Diskussionen über die Meinung der anderen hinweg.
Ich bin aggressiv und greife andere an.
Ich kann andere, die Meinung anderer nicht gelten lassen.
Ich unterdrücke andere Menschen.
Ich lache über die Schwächen anderer und erzähle sie weiter.
Ich rede in Gesellschaft über andere Leute und mache sie schlecht.

Fragen
Die Vision vom Paradies wohnt unausrottbar in unserer Seele.

- Bringe ich es fertig, auf sinnlose, schädliche egoistische Gewalt zu verzichten?
- Kann ich auch auf Gewalt verzichten, die „nur" mit Worten verletzt und „nur" mit Blicken tötet?
- Kann ich auf Gewalt verzichten, die sich als Bevormundung, als Rechthaberei oder gar als Fürsorge tarnt?
  Ein Löwe, der auf Gewalt verzichtet, ist eine jämmerliche Kreatur. Ein Mensch dagegen wird durch Gewaltverzicht überhaupt erst richtig zum Menschen.
- Kann ich den anderen gelten lassen?
- Bringe ich es fertig, den Mitmenschen nicht zu unterdrücken?

– Stille –

Musik: Orgel oder andere Instrumentalmusik

– Stille –

3. Dann brechen in der Wüste Quellen hervor

Bild: Quelle in der Wüste

Lesung: Jes 35,1–2a.6b
Die Wüste und das trockene Land sollen sich freuen, die Steppe soll jubeln und blühen.

Sie soll prächtig blühen wie eine Lilie, jubeln soll sie, jubeln und jauchzen. In der Wüste brechen Quellen hervor, und Bäche fließen in der Steppe.

Hinführung

Gerne sagen wir anderen Menschen: „Du bist ein blindes Huhn" oder: „Du bist eine lahme Ente!"
Wie oft sagen wir dem Partner oder den Kindern oder einem Mitarbeiter: „Hörst du schlecht?"
Wie oft sprechen wir einem Mitmenschen Lebendigkeit ab und verletzen ihn dabei: „Bei dir ist alles trocken, bei dir ist alles Wüste, bei dir ist kein Leben mehr!"
Allzu leicht sagen wir einem Kind: „Bei dir ist Hopfen und Malz verloren." Damit geben wir die Hoffnung auf, dass das Kind aufblühen und gedeihen kann.
Oft zeigen wir anderen Menschen die kalte Schulter.
Wir trauen anderen Menschen oft nicht zu, dass in ihnen Kraft und Intelligenz, Güte und Liebe stecken.

Fragen

- Wo entdecke ich gute und positive Seiten in einem anderen Menschen?
- Wo kann ich einem anderen Menschen die Augen öffnen?
- Wo kann ich einem anderen Menschen helfen, dass er sich zu reden traut?
- Wo kann ich einem Lahmen aufhelfen; einem, der wie gelähmt ist, auf die Beine helfen?
- Wo kann ich einen anderen zur Quelle führen, zu sprudelndem Wasser, damit wieder Leben in ihm aufkeimt?
- Wo kann ich mit einem anderen zur Quelle gehen und an das Leben glauben?
- Wie kann ich den anderen so annehmen, wie er ist, und nicht, wie ich ihn haben will?
- Helfe ich anderen zu entdecken, was in ihnen steckt?
- Kann ich einem Nachbarn die Hand über den Zaun reichen?
- Wie kann ich auf einen Menschen zugehen, den ersten Schritt tun und ihm die Hand zur Versöhnung reichen?

– Stille –

Musik: Orgel oder andere Instrumentalmusik

– Stille –

4. Die junge Frau wird ein Kind empfangen, sie wird einen Sohn gebären

Bild: Geburt eines Kindes / Kind nach der Geburt / Mutter mit Kind nach der Geburt

Lesung: Jes 7,10–14
In jenen Tagen sprach der Herr zu Ahas, er sagte: Erbitte dir vom Herrn, deinem Gott, ein Zeichen, sei es von unten, aus der Unterwelt, oder von oben, aus der Höhe. Ahas antwortete: Ich will um nichts bitten und den Herrn nicht auf die Probe stellen. Da sagte Jesaja: Hört her, ihr vom Haus David! Genügt es euch nicht, Menschen zu belästigen? Müsst ihr auch noch meinen Gott belästigen? Darum wird euch der Herr von sich aus ein Zeichen geben: Seht, die junge Frau wird ein Kind empfangen, sie wird einen Sohn gebären, und sie wird ihm den Namen Immanuel – Gott mit uns – geben.

Hinführung
In unseren Gebeten wollen wir oft Gott für unsere Zwecke missbrauchen. Er soll uns dies und jenes gewähren.
Wir wollen Zeichen von Gott sehen: Wenn du mir diese Bitte erfüllst, will ich an dich glauben.
In schweren Situationen unseres Lebens richten wir unser Gebet an Gott. Oft erfüllt er unsere Bitten nicht. Er erfüllt sie nicht in unserem Sinne.
Wir glauben oft nicht, dass in unserem Leben etwas Neues entstehen kann.
Manchmal können wir die Zeichen, die uns Gott schickt, nicht deuten.

Fragen

- Traue ich Gott zu, dass er in meinem Leben etwas Neues schaffen kann?
- Bin ich bereit, Neues zu empfangen, oder sperre ich mich?
- Traue ich meinen Mitmenschen, traue ich jungen Menschen etwas zu?
- Habe ich die Kraft, nach einer Niederlage neu anzufangen?

– Stille –

Musik: Orgel oder andere Instrumentalmusik

– Stille –

Lied: Ihr Himmel, tauet den Gerechten (GL 120,3)

Schuldbekenntnis und Vergebungsbitte
Bekennen wir vor Gott und voreinander unsere Schuld:
Ich bekenne Gott, dem Allmächtigen ...

Nachlass, Vergebung und Verzeihung schenke uns der allmächtige und barmherzige Herr:
Der Vater, der Sohn und der Heilige Geist. – Amen.

Liedruf: Beim Herrn ist Barmherzigkeit (GL 82,1)

Zeichen setzen
Ich lade Sie ein, mit den Nachbarn die Karte zu tauschen.
Ich kann die Karte jemandem bringen, mit dem ich mich versöhnen möchte.
Ich kann jemanden um Verzeihung bitten, wenn ich ihn gekränkt habe.

Lied: O Heiland, reiß die Himmel auf, 1–3 (GL 105)

Segen
Göttliche Kraft stärke deinen Rücken,
so dass du aufrecht stehen kannst,
wo man dich beugen will.
Göttliche Zärtlichkeit bewahre deine Schultern,
so dass die Lasten, die du trägst,
dich nicht niederdrücken.
Göttliche Weisheit bewege deinen Nacken,
so dass du deinen Kopf frei heben und
ihn frei bewegen kannst,
wo deine Zuneigung vonnöten ist.
So segne uns der allmächtige Gott:
Der Vater, der Sohn und der Heilige Geist. – Amen.

Entlassung
Gottes Licht möge euch begleiten.
Gehet hin und bringet Frieden. – Dank sei Gott, dem Herrn.

Auszug: Orgel

Still werden

Vorbereitung

Für die GottesdienstteilnehmerInnen: Karte mit dem Text „Ganz still werden“ und einem Mandala (hier gibt es ganz unterschiedliche Möglichkeiten).

Einzug: Orgel

Eröffnung

Im Namen des Vaters und des Sohnes und des Heiligen Geistes. – Amen.
Der Herr sei mit euch. – Und mit deinem Geiste.

Begrüßung

Zur Bußfeier als Einstimmung auf das Fest der Geburt Christi möchte ich Sie alle herzlich begrüßen. Ich lade Sie ein, in diesem Gottesdienst still zu werden, Hörende zu sein und dem Wort der Verheißung Raum zu geben.

Lied: Macht hoch die Tür (GL 107)

Gebet

Ganz still werden.
In die Stille sich hineinbegeben.
Von innen her horchen,
bis es zu dir spricht.
Und die innere Stimme spüren,
die antwortet.
Ins Zwiegespräch kommen
und lernen.
Die schwirrenden Vögel
der Gedanken einfangen,

ihnen Ruhe anbieten,
ziehen lassen,
die nicht bleiben wollen.
Aber denen,
die bleiben wollen,
gib Wärme und Kraft.
Sie weisen dir Wege für deine Fragen.

– Stille –

Musik: Orgel oder andere Instrumentalmusik

– Stille –

GEWISSENSERFORSCHUNG

1. Hören auf den Klang meines Namens

Musik: Orgel oder andere Instrumentalmusik

– Stille –

Still werden
mich nach innen wenden
hören auf den Klang meines Namens

– Stille –

Fragen

- Empfinde ich mich als Mensch wertvoll und wichtig, von Gott auserwählt, sein Ebenbild zu sein?
- Was gehört ganz wesentlich zu mir und macht mich und mein Leben aus?

- Gibt es Zeiten, in denen Platz ist für mich, für das, was mir wesentlich ist?
- Für meine Gedanken, meine Fragen, meine Sehnsüchte, meine Hoffnungen und meine Bedürfnisse?

– Stille –

2. Hören auf die Sprache der Liebe

Musik: Orgel oder andere Instrumentalmusik

– Stille –

Still werden
mich nach innen wenden
hören auf die Sprache der Liebe

– Stille –

Fragen
- Gibt es in meinem Leben – im Zusammenleben mit anderen Menschen, in meiner Familie, unter Freunden und Kollegen – eine Sprache der Liebe?
- Gibt es Zeichen, Gesten, Worte, die meine Verbundenheit und mein Mitsein in der Welt ausdrücken und zur Sprache bringen?
- Bin ich ein Hörender – offen für die Zeichen und Worte der Liebe, die mir geschenkt werden?
- Lasse ich die Zeichen und Worte der Liebe in mich dringen, so dass sie mir zur Kraft und zur Hoffnung werden für mein Leben?
- Höre und sehe ich die Sehnsucht von Menschen nach einem Wort und einer Geste der Liebe?
- Finde ich in der Trostlosigkeit vieler Radio- und Fernsehmeldungen über Krieg, Gewalt und Terror, Ausländerhass und Arbeitslosigkeit Gesten und Worte des Respekts, der Achtung und Liebe ganz bewusst als Gegengewicht?

– Stille –

3. Hören auf die Wahrheit der Weisen

Musik: Orgel oder andere Instrumentalmusik

– Stille –

Still werden
mich nach innen wenden
hören auf die Wahrheit der Weisen

– Stille –

Fragen

- Welche Wahrheiten und welche Weisheiten haben in meinem Leben Gewicht?
- Höre ich Wahrheit, die leise gesprochen wird, zum Nachdenken anregt, die Wandlung und Auf-dem-Weg-Bleiben erfordert, die Leid und Not von Menschen ausdrückt?
- Höre ich in der Vielfalt der Worte jene, die rufen, mahnen, kritisch und unbequem sind, die aber nach Wahrheit, Menschenwürde und Leben suchen?
- Von welchen Wahrheiten, von welchen Weisen lasse ich mich berühren?

– Stille –

4. Hören auf das Wort der Verheißung

Musik: Orgel oder andere Instrumentalmusik

– Stille –

Still werden
mich nach innen wenden
hören auf das Wort der Verheißung

– Stille –

Fragen

- Bin ich wach und anwesend für Gottes Wort, das Wort der Verheißung für mein Leben, für unsere Welt?
- Gibt es in meinem Leben Zeiten der Ruhe, der Stille, so dass ein Wort der Verheißung mich finden kann?
- Höre ich auf mein Inneres? Gebe ich meiner inneren Stimme, dem Göttlichen in mir Raum?

– Stille –

Musik: Orgel oder andere Instrumentalmusik

– Stille –

Lied: Herr, gib uns Mut zum Hören (GL 521)

Lesung: Jes 9,1–6
Das Volk, das im Dunkel lebt, sieht ein helles Licht; über denen die im Land der Finsternis wohnen, strahlt ein Licht auf. Du erregst lauten Jubel und schenkst große Freude. Man freut sich in deiner Nähe, wie man sich freut bei der Ernte, wie man jubelt, wenn Beute verteilt wird. Denn wie am Tag von Midian zerbrichst du das drückende Joch, das Tragholz auf unserer Schulter und den Stock des Treibers. Jeder Stiefel, der dröhnend daherstampft, jeder Mantel, der mit Blut befleckt ist, wird verbrannt, wird ein Fraß des Feuers. Denn uns ist ein Kind geboren, ein Sohn ist uns geschenkt. Die Herrschaft liegt auf seiner Schulter; man nennt ihn: Wunderbarer Ratgeber, Starker Gott, Vater in Ewigkeit, Fürst des Friedens. Seine Herrschaft ist groß, und der Friede hat kein Ende. Auf dem Thron Davids herrscht er über sein Reich; er festigt und stützt es durch Recht

und Gerechtigkeit, jetzt und für alle Zeiten. Der leidenschaftliche Eifer des Herrn der Heere wird das vollbringen.

– Stille –

Musik: Orgel oder andere Instrumentalmusik

– Stille –

Schuldbekenntnis und Vergebungsbitte
Bekennen wir vor Gott und voreinander unsere Schuld:
Ich bekenne Gott, dem Allmächtigen ...

Ich lade Sie ein, beide Hände auszustrecken, um offen zu sein für Gottes Vergebung. Die offenen Hände sind wie eine Schale, wie eine empfangende Geste, um Vergebung zu erhalten.
Nachlass, Vergebung und Verzeihung schenke uns der allmächtige und barmherzige Herr:
Der Vater, der Sohn und der Heilige Geist. – Amen.

Liedruf: Beim Herrn ist Barmherzigkeit (GL 82,1)

Zeichen setzen
Als Zeichen Ihrer Bereitschaft zur Umkehr schlage ich Ihnen vier Möglichkeiten vor, aus denen Sie auswählen können:
- Suchen Sie für sich in den nächsten Tagen eine Zeit der Stille, um dem nachzugehen, was Ihnen wesentlich ist.
- Seien Sie aufmerksam auf die Sprache der Liebe.
- Geben Sie Raum einem Wort der Verheißung, damit Gott in uns, in der Welt neu ankommen kann.
- Sie bekommen beim Ausgang eine Karte mit dem Text „Ganz still werden“. Vorne auf der Karte ist ein Mandala. Sie können sich für eine Viertelstunde hinsetzen und dieses Mandala mit verschiedenen Farben ausmalen. Sie werden sehen und spüren, wie dies beruhigt.

Lied: Tauet, Himmel, den Gerechten (in vielen Diözesananhängen des „Gotteslob“)

Segen

Gottes Liebe gehe auf über dir
gleich der Sonne, die sich im Osten erhebt,
und lasse sein Angesicht leuchten in dir –
schöner, als sie strahlt.
Er erfülle dich mit seinem Licht
und schenke dir Freude,
hineinzugehen in den Tag – dir neu geschenkt.
Er lasse dich Freude finden am Leben
und den Impulsen trauen,
die er dir mitgegeben als Zeichen seiner Nähe.
Er schenke dir Tatkraft und Phantasie,
die Rätsel des Tages zu lösen,
und lasse dich nicht verzagen,
wenn dunkle Wolken dir das Licht trüben
oder den Blick verstellen.
Er lasse dich Schatten finden,
wenn es in dir brennt und schmerzt,
und einen Ort, wo du ruhen
und neue Kraft schöpfen kannst
für die Zeit danach.
Er lasse dich den Abend genießen
und über das Werk deiner Hände staunen.
Und das, was du begonnen und nicht beendet –
das möge er vollenden.
Dazu segne uns der allmächtige Gott:
Der Vater, der Sohn und der Heilige Geist. – Amen.

Entlassung

Gehet hin und bringet Frieden. – Dank sei Gott, dem Herrn.

Auszug: Orgel

Ich habe vor dir eine Tür geöffnet

Vorbereitung
Für die GottesdienstteilnehmerInnen: Bild von einer Tür.
Kirchenraum: Bilder: Geschlossene Tür, geschlossene Tür mit Schlüssel im Schloss, Tür mit großem Schlüsselloch, Türangeln, geöffnete Tür; weit offene Tür.

Einzug: Orgel

Liturgischer Gruß
Im Namen des Vaters und des Sohnes und des Heiligen Geistes. – Amen.
Der Herr sei mit euch. – Und mit deinem Geiste.

Begrüßung
Zur Bußfeier als Einstimmung auf das Fest der Geburt Christi möchte ich Sie alle herzlich begrüßen. Ich lade Sie ein, in diesem Gottesdienst still zu werden, Hörende zu sein und dem Wort der Verheißung Raum zu geben.
Diese alte Tür ist ein Symbol, das uns durch den Advent begleitet. Jeden Sonntag öffnen wir diese Tür ein Stück mehr – bis sie dann an Weihnachten ganz offen ist.
Die Tür soll heute auch das Symbol sein, das uns in dieser Bußfeier begleitet.

Lied: Macht hoch die Tür (GL 107)

Gebet
Öffne mir deine Tür,
dass ich in meine Wirklichkeit eintrete,
entdecke und erspüre, wo ich daheim bin,
dass ich erfahre und begreife,

was Herberge bedeutet,
dass ich ausruhen und rasten kann vom Unterwegs-Sein,
dass ich in dir mich finde
und meine Lebensträume bewohne,
zugänglich werde für die Besucher
und leben kann:
ich bei mir zu Hause,
lebendig und frei.

– Stille –

Lied: Herr, gib uns Mut zum Hören (GL 521)

Lesung: Offb 3,7–8.10–11.14–16.19–20
An den Engel der Gemeinde in Philadelphia schreibe: So spricht der Heilige, der Wahrhaftige,
der den Schlüssel Davids hat,
der öffnet, so dass niemand mehr schließen kann,
der schließt, so dass niemand mehr öffnen kann:
Ich kenne deine Werke, und ich habe vor dir eine Tür geöffnet, die niemand mehr schließen kann. Du hast nur geringe Kraft, und dennoch hast du an meinem Wort festgehalten und meinen Namen nicht verleugnet.
Du hast dich an mein Gebot gehalten, standhaft zu bleiben; daher werde auch ich zu dir halten und dich bewahren vor der Stunde der Versuchung, die über die ganze Erde kommen soll, um die Bewohner der Erde auf die Probe zu stellen.
Ich komme bald. Halte fest, was du hast, damit kein anderer deinen Kranz bekommt.

An den Engel der Gemeinde in Laodizea schreibe: So spricht Er, der „Amen“ heißt, der treue und zuverlässige Zeuge, der Anfang der Schöpfung Gottes:
Ich kenne deine Werke. Du bist weder kalt noch heiß. Wärest du doch kalt oder heiß!
Weil du aber lau bist, weder heiß noch kalt, will ich dich aus meinem Munde ausspeien.

Wen ich liebe, den weise ich zurecht und nehme ihn in Zucht. Mach also Ernst und kehr um!
Ich stehe vor der Tür und klopfe an. Wer meine Stimme hört und die Tür öffnet, bei dem werde ich eintreten, und wir werden Mahl halten, ich mit ihm und er mit mir.

GEWISSENSERFORSCHUNG

Text

Die Tür besitzt eine geheimnisvolle Macht. Sie kann öffnen und schließen. Sie kann einladen und abweisen. Sie trennt Innen und Außen. Das fast Unendliche des Außen wird hinter einer Tür zum kleinsten privaten Raum.
Innen kann Unordnung hinter einer Tür verborgen werden – so trügt der Schein nach außen. Manches kann hinter einer Tür versteckt werden – so liegt es nicht offen da. Hinter einer Tür können auch Schätze verborgen liegen.
Verlorene Weite wird zu einem Zuhause. Unterwegssein wechselt bei einer Tür in eine große Geborgenheit. Verwirrendes Chaos und Bedrohung von außen können ausgesperrt werden – dann werden hinter der Tür Ruhe und Sicherheit gewonnen. Die Bedrohung von außen wird innen zum Frieden.
Immer ist die Tür eine Grenze, durch die ich hindurchgehen kann oder nicht. Ich kann eine Tür von zwei Seiten öffnen und von zwei Seiten zumachen, und ich kann sie von zwei Seiten durchschreiten: Ich kann hineingehen oder hinausgehen. Die Tür ist auch eine Grenze, die ich setze. Ich kann auch entscheidungslos zwischen Tür und Angel stehen bleiben.
Die Menschwerdung Jesu ist unsere rettende Tür. Jesus sagte von sich: „Ich bin die Tür. Wer durch mich eintritt, wird gerettet werden." Die Tür, die Jesus heißt, kann leicht übersehen werden neben Türen, deren Glanz und Glitzer von außen reizen, dort hineinzugehen. Die glänzenden Türen sind immer wieder neu an verschiedenen Orten zu finden. Die Tür Jesus jedoch steht immer am selben Platz. Diese Tür lockt nicht und sagt:

„Komm herein!" – sie bietet mir nur an zu kommen: Es liegt an mir, dass ich dieses Angebot annehme.

1. Verschlossene Tür

Bild: Geschlossene Tür

Hinführung
Ich habe in großem Ärger eine Tür hinter mir zugeschlagen. Ich habe damit eine Wand zwischen mir und einem Mitmenschen aufgebaut.
Eine Tür zuschlagen kann bedeuten:
Ich beende den Kontakt mit einem anderen.
Eine Tür zuschlagen kann bedeuten:
Mit dir will ich nichts mehr zu tun haben.
Eine Tür zuschlagen kann bedeuten:
Jetzt reicht's mir aber. Ich mag nicht mehr mit dir.

Fragen
- Türen, die ich zugeschlagen habe, muss ich selber wieder aufmachen. Versuche ich, sie wieder zu öffnen?
- Wo habe ich den Kontakt mit anderen abgebrochen?
- Gibt es einen Punkt in meinen Beziehungen, wo ich gesagt habe: „Bis hierher und nicht weiter?"
- Wo habe ich durch meinen Ärger eine Tür zugeschlagen und eine Wand aufgebaut?
- Wo lasse ich mich von den Vorstellungen über andere nicht abbringen? Die oder der ist so – aus und Schluss?
- Sehe ich, dass der andere vorsichtig die Türklinke drückt und mir entgegenkommt, und nehme ich das an?

2. Versperrte Tür

Bild: Geschlossene Tür mit Schlüssel im Schloss

Hinführung
Eine verschlossene Tür kann bedeuten:
Ich habe meine Vorstellungen über andere, meine feste Meinung. Ich lasse mich von der festen Meinung über andere nicht abbringen.
Eine verschlossene Tür kann bedeuten:
Ich habe den Eingang zu mir verriegelt. Ich verwehre anderen den Zugang zu mir.
Eine verschlossene Tür kann bedeuten:
Ich habe mich dahinter verbarrikadiert. Es ist alles so vernagelt, dass nichts mehr herein- und auch nichts hinauskann.
Wenn ich die Tür zusperre, kann niemand mehr herein. Der andere ist draußen.
Mit dem Schlüssel habe ich die Möglichkeit, die Tür wieder zu öffnen.

Fragen
- Wo verwehre ich anderen den Zugang zu mir?
- Verschließe ich mich meinem Partner?
- Hat mein Ehepartner, haben Freunde Zugang zu mir?
- Bin ich den Eltern gegenüber zugeknöpft?
- Wo muss ich Riegel abnehmen, damit andere hereinkönnen?
- Lasse ich andere, lasse ich Menschen, die mir lieb sind, teilhaben an meinem Leben, an meinen Freuden und an meinem Leid, oder verwehre ich den Zugang zu mir?
- Bin ich bereit, Notleidenden in jeder Form die Tür aufzusperren?

– Stille –

Musik: Orgel oder andere Instrumentalmusik

– Stille –

3. Durch das Schlüsselloch sehen

Bild: Tür mit großem Schlüsselloch

Hinführung
Ein neugieriger Blick durch das Schlüsselloch.
Durch das Schlüsselloch schauen
heißt: Grenzen überschreiten,
heißt: sich in die Intimsphäre des anderen eindrängen,
heißt: die Intimsphäre des anderen verletzen,
heißt: Neugierde.
Ein neugieriger Blick durch das Schlüsselloch.
Durch das Schlüsselloch schauen kann auch ein Bild sein für:
sich an Geheimnisse von anderen heranmachen,
sich in die Angelegenheiten anderer einmischen,
Indiskretionen weitergeben.

Fragen

- Wo habe ich Grenzen überschritten und die Intimsphäre von anderen verletzt?
- Kann ich mich zurückhalten oder muss ich meine Nase unbedingt in fremde Angelegenheiten stecken?
- Wo habe ich mich durch übertriebene Neugierde an Geheimnisse von Mitmenschen, von anderen Familien herangemacht?
- Wo habe ich Geheimnisse und Indiskretionen weitergegeben und so dem Ruf anderer geschadet?

4. Türangel

Bild: Türangeln

Hinführung
Im Angelpunkt lässt sich die Tür – die Wand bewegen.
Die Türangel ist ein Bild für den Menschen, der sich bewegen lässt. Wenn ich mich bewegen lasse, wenn ich mich rühren lasse, dann haben andere eine Tür, einen Zugang zu mir.
Die Türangel kann auch ein Bild für den Menschen sein, der sich an Gott festhält.

Fragen

- Um welche Angelpunkte dreht sich mein Leben, meine Anstrengungen, meine Interessen?
- Ist Gott Angelpunkt in meinem Leben? Halte ich mich an ihm fest, wenn Widerwärtigkeiten auftauchen?
- Wie viel braucht es, dass andere Menschen mich bewegen können?
- Lasse ich mich von Ereignissen in der Welt, von Schicksalen meiner Mitmenschen bewegen?
- Wenn ich mich bewegen, drehen sollte – wie viel Anstrengung braucht es von anderen, dass sie meine Sturheit aus den Angeln heben?

– Stille –

Musik: Orgel oder andere Instrumentalmusik

– Stille –

5. Die Tür öffnen

Bild: Geöffnete Tür

Hinführung

Die Tür öffnen kann bedeuten:
den Problemen, die das Leben mir bringt, nicht ausweichen. Die Probleme der Welt anschauen.
Die Tür öffnen kann bedeuten:
die Mauer überwinden, die mich von den anderen trennt.
Die Tür öffnen kann bedeuten:
Ich löse mich vom Eingesperrt-Sein. Ich lasse Leben in mein Haus.

Fragen

- Habe ich schon daran gedacht, selber eine Tür zu öffnen, oder erwarte ich, dass immer der andere den ersten Schritt tut?
- Wie stelle ich mich den Problemen des Lebens?
- Gehe ich den Problemen aus dem Weg?

- Was trennt mich von anderen Menschen?
- Welche Mauern gibt es zwischen mir und meinen Mitmenschen?
- Welche Mauern kann ich abtragen?
- Wo kann ich das Haus meines Lebens öffnen?
- Bin ich bereit, denen die Tür zu öffnen, die mich verletzt haben?
- Mache ich die Tür auch für Menschen auf, die mir weniger zusagen?

6. Die offene Tür

Bild: Weit offene Tür

Hinführung

Die Tür offen halten kann bedeuten:
In meinem Haus ist Gastfreundschaft. Du bist willkommen. Du bist ein gerne gesehener Gast.
Die Tür offen halten kann bedeuten:
Du kannst an meinem Leben teilnehmen. Dann wird es ein gegenseitiges Geben und Nehmen zwischen dir und mir.
Wenn die Tür offen ist, dann ermöglicht sie Leben.
Die offene Tür kann bedeuten:
den anderen einladen, dass er sich bei mir wohl fühlt.

Fragen

- Wie halte ich es mit der Gastfreundschaft – mit der offenen Tür?
- Wie können andere an meinem Leben teilnehmen?
- Wie offen bin ich im Umgang mit anderen Menschen?
- Ist die offene Tür eine Einladung für mich, mutig hindurchzugehen – auch wenn ich weiß, dass es dahinter nicht nur Angenehmes gibt?

– Stille –

Musik: Orgel oder andere Instrumentalmusik

– Stille –

Fragen

Wir haben in der Besinnung einen ganz kleinen Ausschnitt unseres Lebens angeschaut.

Ich lade Sie jetzt ein, in einigen Augenblicken der Stille wie mit einem großen Scheinwerfer andere Bereiche Ihres Lebens auszuleuchten und nach Schuld und Verfehlungen zu suchen. Ich helfe Ihnen dabei mit ein paar Fragen:

- Wie ist meine Beziehung zu anderen Menschen: Ehepartner, Kinder, Eltern, Vorgesetzte, Freunde?
- Wo habe ich anderen wehgetan, sie gekränkt?
- Wo bin ich an anderen schuldig geworden?
- Wo ist mein Engagement für die Gemeinschaft?
- Wie ist meine Beziehung zu Gott?
- Wie steht es mit meinem Glauben, mit meinem Gebet, mit meinem Interesse an religiösen Fragen, mit der Mitfeier des Sonntagsgottesdienstes?
- Wie ist meine Beziehung zu mir selbst?
- Wie erfülle ich meine Aufgaben im Beruf?
- Was tue ich für meine Gesundheit?

Schuldbekenntnis und Vergebungsbitte

Bekennen wir vor Gott und voreinander unsere Schuld:
Ich bekenne Gott, dem Allmächtigen ...

Nachlass, Vergebung und Verzeihung schenke uns der allmächtige und barmherzige Herr:
Der Vater, der Sohn und der Heilige Geist. – Amen.

Liedruf: Beim Herrn ist Barmherzigkeit (GL 82,1)

Zeichen setzen

Ich möchte Sie dazu ermuntern, Ihrer inneren Bereitschaft zur Umkehr auch Taten folgen zu lassen. Die Karte mit dem Bild der Tür, die Sie am Eingang bekommen haben, soll Ihnen dabei helfen. Vielleicht kann auch einer der vier folgenden Vorschläge für Sie eine Anregung sein:

- Gehen Sie zu dem Menschen, hinter dem Sie eine Tür zugeschlagen haben, und versöhnen Sie sich mit ihm.
- Klopfen Sie an der Tür eines Menschen an, die für Sie zu ist, und setzen Sie ein Zeichen Ihrer Versöhnungsbereitschaft.
- Öffnen Sie einem Menschen die Tür, und gewähren Sie ihm Ihre Gastfreundschaft. Anders ausgedrückt: Laden Sie jemanden zu sich ein, dem Sie dadurch eine Freude machen können.
- Öffnen Sie sich selbst gegenüber Ihrem Partner/Ihrer Partnerin, Ihren Kindern/Ihren Eltern, indem Sie ihnen Zeit schenken für ein Gespräch.

Lied: O Heiland, reiß die Himmel auf (GL 105)

Segen

Gott, der uns Vater und Mutter ist,
segne und helfe uns, einander zu helfen,
dass wir hören lernen mit unseren eigenen Ohren
auf den Klang unseres Namens
auf die Sprache der Liebe
auf die Wahrheit der Weisen
und das Wort der Verheißung.

Nach Lothar Zenetti

Entlassung

Gehet hin und bringet Frieden. – Dank sei Gott, dem Herrn.

Auszug: Orgel

Licht für uns alle

Vorbereitung
Für die GottesdienstteilnehmerInnen: MinistrantInnen teilen Opferlichter aus.
Kirchenraum: Bildmotive für Dias oder Beamer: brennende Kerze, Menschen in einer belebten Straße, zwei Hände, Weltkugel, Menschen bei einem Fest, Adventskranz, verpacktes Geschenk, zwei Menschen, die sich die Hand reichen.

Einzug: Orgel

Liturgischer Gruß
Im Namen des Vaters und des Sohnes und des Heiligen Geistes. – Amen.
Der Herr sei mit euch. – Und mit deinem Geiste.

Begrüßung
Zur Bußfeier als Einstimmung auf das Fest der Geburt Christi möchte ich Sie alle herzlich begrüßen. Ich lade Sie ein, in diesem Gottesdienst still zu werden, Hörende zu sein und dem Wort der Verheißung Raum zu geben.

Lied: Macht hoch die Tür (GL 107)

Gebet
In deinem Namen, Gott, haben wir uns versammelt.
In der Hoffnung auf dein Licht wagen wir uns in die Dunkelheit.
In der Hingabe an deinen Geist füllen wir das Schweigen.
Im Nachdenken über unsere Fehler kommen wir zur Umkehr.
In der Hoffnung auf dein Wort erwarten wir Vergebung.
Darum bitten wir durch deinen Sohn, der mit dir und dem Heiligen Geist lebt, jetzt und in Ewigkeit. – Amen.

– Stille –

Bild: Kerze

Märchen: Die Halle der Welt mit Licht erfüllen

Ein König hatte zwei Söhne. Als er alt wurde, überlegte er, wer sein Nachfolger werden sollte. Eines Tages rief er seine beiden Söhne zu sich und gab jedem fünf Silberstücke. Er sagte zu ihnen: „Wer damit bis zum Abend unseren Festsaal füllt, der soll mein Nachfolger werden. Womit ihr den Saal füllt, das ist eure Sache."

Der älteste Sohn ging hinaus. Er kam an ein Feld, wo die Arbeiter Zuckerrohr ernteten und es in einer Mühle auspressten. Das ausgepresste Zuckerrohr lag nutzlos herum. Da dachte der Sohn: „Das ist eine gute Gelegenheit. Mit diesem nutzlosen Zeug kann ich schnell und billig den Festsaal füllen lassen." Mit dem Aufseher der Arbeiter wurde er schnell einig. Am späten Nachmittag war der Saal mit dem ausgepressten Zuckerrohr gefüllt.

Der Sohn ging zu seinem Vater und sagte: „Ich habe meine Aufgabe erfüllt. Auf meinen Bruder brauchst du nicht mehr warten. Mach mich zu deinem Nachfolger!" Der Vater antwortete: „Es ist noch nicht Abend. Ich werde noch warten."

Bald darauf kam der jüngere Sohn. Er bat, das Zuckerrohr aus dem Saal zu entfernen. Als der Saal leer war, stellte er mitten in den Saal eine Kerze und zündete sie an. „Du sollst mein Nachfolger sein", sagte der Vater. Dein Bruder hat fünf Silberstücke ausgegeben, um den Saal mit nutzlosem Zeug zu füllen. Du hast nicht einmal ein Silberstück gebraucht, um den Festsaal mit Licht zu füllen. Du hast den Saal gefüllt mit dem, was die Menschen brauchen."

Volksgut von den Philippinen

Lied: Du bist das Licht der Welt (Tr 1078)

Evangelium: Mt 5,14–16

Ihr seid das Licht der Welt. Eine Stadt, die auf einem Berg liegt, kann nicht verborgen bleiben. Man zündet auch nicht ein Licht an und stülpt ein Gefäß darüber, sondern man stellt es auf den Leuchter; dann leuchtet es allen im Haus. So soll euer Licht vor den Menschen leuchten, damit sie eure guten Werke sehen und euren Vater im Himmel preisen.

GEWISSENSERFORSCHUNG

1. Licht – Dunkel

Bild: Menschen in einer belebten Straße

Hinführung
Das Thema unserer heutigen Bußfeier ist „Licht für uns alle".
Wir stellen uns bewusst in die Reihe der vielen Menschen, die sich gesehnt haben nach dem Licht, nach dem Göttlichen in dieser Welt.
Es ist eine Ursehnsucht des Menschen, dass er sich um das Licht versammelt. Wir Menschen scharen uns gern um das Licht. Diese Sehnsucht nach Licht ist etwas, was uns mit allen Religionen verbindet.
Wir leben in einer Zeit gewaltiger Umbrüche. In der Dunkelheit dieser Zeit brauchen wir das Licht der Hoffnung.
Licht ist das Einzige, das nicht weniger wird, wenn man es teilt. Es wird auch nicht dunkler, wenn es für alle leuchtet.
Wer selber im Lichtkreis ist, sieht nicht, wer außerhalb davon steht.
Ich trage Sorge für das Licht. Ich trage Verantwortung dafür, dass es hell wird und hell bleibt in meinem Umkreis, in der Welt, die ich zu gestalten habe.

Fragen
- Wo viel Licht ist, ist auch viel Schatten. Die Schatten dürfen sein. Wir dürfen sie uns eingestehen. Kenne ich meine Schattenseiten?
- Bin ich mir dessen bewusst, dass es auch dunkle Seiten in meinem Leben gibt?
- Wir müssen am anderen nicht nur das Dunkel und die Schatten sehen. Kann ich einen ersten Schritt auf den anderen hin tun, auch wenn ich seine Schattenseiten kenne, um ihn in einem neuen Licht zu sehen?
- Kann ich im anderen das sehen, was seinen Wert und seine Würde ausmacht?

2. Gegenseitige Hilfe ist Licht

Bild: Zwei Hände

Hinführung
Gegenseitige Hilfe ist Licht. Hilfreiche Herzen und zupackende Hände bringen Licht in mein Leben. Hilfsbereite Menschen bringen Licht in unsere Schatten. Durch die Hilfsbereitschaft anderer strömt Licht in unsere Umgebung und in die Gebrechlichkeit unseres Lebens.

Fragen
- Für ein Kind ist es furchtbar, wenn es die Eltern links liegen lassen. Kann ich als Mutter oder Vater ein Kind auch mit seinen Schattenseiten annehmen und akzeptieren?
- Ich kann einen Menschen durch Nichtbeachtung strafen. Kann ich einem Menschen, der mir nicht wohlgesinnt ist oder gegen den ich etwas habe, trotzdem Beachtung und damit Würde schenken?
- Fehlendes Einfühlungsvermögen verhindert die Begegnung zwischen Menschen und macht die Welt für den anderen dunkel und kalt. Kann ich versuchen, mich in die Situation eines anderen Menschen einzufühlen, ihm gar meine Hilfe anbieten?

– Stille –

Musik: Orgel oder andere Instrumentalmusik

– Stille –

3. Frieden ist Licht

Bild: Weltkugel

Hinführung
Frieden ist Licht.
Friedfertigkeit ist Licht.

Einander die Hand reichen ist Licht.
Berühren ist Licht.
Verzeihen ist Licht.
Verstehen ist Licht.
Versöhnen ist Licht.
Nicht nachtragen ist Licht.

Fragen

- Wo ist in meiner Familie, in meiner Ehe, in Freundschaften, in meiner Verwandtschaft, im Betrieb, in der Schule Unfrieden?
- Gibt es Menschen, die mir unsympathisch sind?
- Bin ich bereit, mit anderen Menschen mitzufühlen, mitzuleiden, an ihrem Leben Anteil zu nehmen?
- Weigere ich mich, jemandem die Hand zum Frieden zu geben?

4. Festlichkeit ist Licht

Bild: Menschen bei einem Fest

Hinführung

Festlichkeit ist Licht.
Ein Fest, das wir einander bereiten, gibt dem Leben Glanz und Freude.
Es ist Ausdruck der Herzlichkeit und der Zärtlichkeit.
In der Gemeinschaft um einen Tisch teilen wir die festliche Freude miteinander. Wir verstehen die Nöte und Sorgen der anderen.
Wir dürfen mit gutem Gewissen die Feste feiern. Jesus hat gern Feste gefeiert. Das Fest nimmt uns aus dem Alltag heraus und lässt uns seine Schwere vergessen. Ein Fest gibt uns gleichzeitig wieder Kraft, in den Alltag hineinzugehen.

Fragen

- Kann ich an der Festfreude anderer teilnehmen?
- Kann ich andere an der eigenen Freude teilnehmen lassen?
- Wie ist es, wenn ich jemandem ein Fest vermiese?
- Wie ist es, wenn ich eingeladen bin und nicht komme?

– Stille –

Musik: Orgel oder andere Instrumentalmusik

– Stille –

5. Besinnung und innere Einkehr sind Licht

Bild: Adventskranz

Hinführung
Besinnung und innere Einkehr sind Licht.
Diese Zeit vor Weihnachten kann die besinnlichste im Jahr sein.
Ich kann mir diese Zeit schaffen.
Diese Tage können mich einstimmen auf das Licht in mir.
Ich lasse in meinen oft schwierigen Alltag dieses Licht.
Ich lasse das Licht eines guten Gottes in mein Leben.
Licht ist Besinnung und innere Einkehr.

Fragen
- Kann ich mich in einer Zeit der Ruhe dem göttlichen Licht in mir öffnen?
- Kann ich still werden und finde ich heim zu mir selbst?
- Ich verbrauche meine Kräfte nicht im Lärm der Welt. Kann ich meine Gedanken sammeln und nach der Mitte meines Lebens suchen?
- Kann ich mir ein Licht schenken, eine Kerze anzünden und fünf oder zehn Minuten ruhig vor dem Licht sitzen bleiben?
- Kann ich mich in einer Zeit der Ruhe dem göttlichen Licht in mir öffnen?

6. Geschenke sind Licht

Bild: Verpacktes Geschenk

Hinführung
Geschenke sind Licht.
Es kommt nicht auf die Größe und den materiellen Wert des Geschenkes an.
Eine Geste, ein Brief sind wertvolle Geschenke in einer Zeit, in der wir uns kaufen können, was wir brauchen und wollen.

Fragen

- Bin ich ein fröhlich gebender Mensch, und werde ich selber beschenkt, wenn ich anderen schenke?
- Ist mein Herz dabei, wenn ich schenke?
- Bringe ich durch ein Geschenk Licht in das Leben eines Menschen?

– Stille –

Musik: Orgel oder andere Instrumentalmusik

Opferlichter
MinistrantInnen zünden die Opferlichter an.

Fragen
Wir haben in der Besinnung einen ganz kleinen Ausschnitt aus unserem Leben angeschaut.
Ich lade Sie jetzt ein, in einigen Augenblicken der Stille andere Bereiche Ihres Lebens anzuschauen und nach Schatten des nicht gelebten Lebens zu suchen. Ich helfe Ihnen dabei mit ein paar Fragen:

- Wie ist meine Beziehung zu anderen Menschen: Ehepartner, Kinder, Eltern, Vorgesetzte, Freunde?
- Wo habe ich anderen wehgetan, sie gekränkt?
- Wie ist meine Beziehung zu Gott?
- Mein Glaube, mein Gebet, mein Interesse an religiösen Fragen, die Mitfeier des Sonntagsgottesdienstes?
- Wie ist meine Beziehung zu mir selbst?
- Wo habe ich mich selbst nicht leben lassen?
- Wo bin ich nicht ich selbst gewesen?
- Die Erfüllung meiner Aufgaben im Beruf?

- Bei der Arbeit und in der Schule: Wie habe ich meine Aufgaben und Anforderungen erfüllt?
- Wenn ich unzufrieden oder verärgert bin: Was steht hinter meiner Unzufriedenheit oder meinem Ärger?

Schuldbekenntnis und Vergebungsbitte

Bild: Zwei Menschen, die sich die Hand reichen

Bekennen wir vor Gott und voreinander unsere Schuld:
Ich bekenne Gott, dem Allmächtigen ...

Nachlass, Vergebung und Verzeihung schenke uns der allmächtige und barmherzige Herr:
Der Vater, der Sohn und der Heilige Geist. – Amen.

Liedruf: Beim Herrn ist Barmherzigkeit (GL 82,1)

Zeichen setzen

Ich möchte Sie dazu ermuntern, dass Sie auf Ihre gedankliche Bereitschaft zur Umkehr auch Taten folgen lassen. Sie haben an der Tür ein Opferlicht bekommen. Das Licht brennt jetzt, und Sie können es mit nach Hause nehmen. Es kann für Sie eine Anregung sein:

- Gehen Sie zu einem Menschen, dem Sie durch Ihre Handlungsweise eine dunkle Zeit bereitet haben, und versöhnen Sie sich mit ihm. Auch wir können einander gegenseitig von Schuld befreien.
- Zünden Sie dieses Licht an, und schenken Sie sich einige Minuten der Einkehr und Besinnung.
- Stellen Sie dieses Licht irgendwo auf als Erinnerung daran, dass Sie sich vor Weihnachten noch mit einem Menschen versöhnen sollten.

Lied: O Heiland, reiß die Himmel auf (GL 105)

Segen
Gott segne dich und behüte dich,
deinen Leib und deine Seele.
Gott lasse sein Angesicht leuchten
über dir und sei dir gnädig.
In Liebe und Güte kannst du leben.
Gott erhebe sein Angesicht über dich
und gebe dir Frieden.
Gott wird dich nicht aus seiner Hand gleiten lassen,
Tag und Nacht,
von einer Ewigkeit zur anderen.
So segne uns der allmächtige Gott:
Der Vater, der Sohn und der Heilige Geist. – Amen.

Entlassung
Gottes Licht möge euch begleiten.
Gehet hin und bringet Frieden. – Dank sei Gott, dem Herrn.

Auszug: Orgel

Verwurzelt sein

Vorbereitung
Für die GottesdienstteilnehmerInnen: Eine kleine Wurzel für jeden.
Kirchenraum: Beim Altar ist ein großer Wurzelstock. Außerdem folgende Bildmotive: Wurzel Jesse, Wurzeln, Gnadenstuhl, blühender Apfelbaum.

Einzug: Orgel

Bild: Wurzel Jesse

Liturgischer Gruß
Im Namen des Vaters und des Sohnes und des Heiligen Geistes. – Amen.
Der Herr sei mit euch. – Und mit deinem Geiste.

Begrüßung
Zur Bußfeier als Einstimmung auf das Fest der Geburt Christi möchte ich Sie alle herzlich begrüßen. Ich lade Sie ein, in diesem Gottesdienst still zu werden, Hörende zu sein und dem Wort der Verheißung Raum zu geben.
Mit der Wurzel Jesse ist das jüdische Königshaus Isai gemeint. Das Königshaus ist wie ein alter Baumstumpf, wie eine Wurzel, dem Untergang geweiht. Aus dem unbedeutenden Geschlecht Isais kam durch Gottes Erwählung David. Aus diesem unbedeutenden Geschlecht kommt ein zweiter David. Aus diesem Baumstumpf wächst ein junger Trieb, ein Reis. Gemeint ist: Aus diesem fast toten, unbekannten jüdischen Königshaus kommt Jesus als Erlöser.

Lied: Macht hoch die Tür (GL 107)

Gebet
Guter Gott, wir haben uns vor dir versammelt, um innezuhalten, still zu werden, dem Raum zu geben, was wesentlich ist, und dein Wort in unser Herz aufzunehmen.
Du rufst uns zur Umkehr. Sei jetzt in unserer Mitte und erleuchte uns mit deinem Geist.
Darum bitten wir durch deinen Sohn, der mit dir und dem Heiligen Geist lebt, jetzt und in Ewigkeit. – Amen.

Lesung: Jes 11,1–10
Doch aus dem Baumstumpf Isais wächst ein Reis hervor, ein junger Trieb aus seinen Wurzeln bringt Frucht. Der Geist des Herrn lässt sich nieder auf ihm: der Geist der Weisheit und der Einsicht, der Geist des Rates und der Stärke, der Geist der Erkenntnis und der Gottesfurcht. [Er erfüllt ihn mit dem Geist der Gottesfurcht.] Er richtet nicht nach dem Augenschein, und nicht nur nach dem Hörensagen entscheidet er, sondern er richtet die Hilflosen gerecht und entscheidet für die Armen des Landes, wie es recht ist. Er schlägt den Gewalttätigen mit dem Stock seines Wortes und tötet den Schuldigen mit dem Hauch seines Mundes. Gerechtigkeit ist der Gürtel um seine Hüften, Treue der Gürtel um seinen Leib. Dann wohnt der Wolf beim Lamm, der Panther liegt beim Böcklein. Kalb und Löwe weiden zusammen, ein kleiner Knabe kann sie hüten. Kuh und Bärin freunden sich an, ihre Jungen liegen beieinander. Der Löwe frisst Stroh wie das Rind. Der Säugling spielt vor dem Schlupfloch der Natter, das Kind streckt seine Hand in die Höhle der Schlange. Man tut nichts Böses mehr und begeht kein Verbrechen auf meinem ganzen heiligen Berg; denn das Land ist erfüllt von der Erkenntnis des Herrn, so wie das Meer mit Wasser gefüllt ist. An jenem Tag wird es der Spross aus der Wurzel Isais sein, der dasteht als Zeichen für die Nationen; die Völker suchen ihn auf; sein Wohnsitz ist prächtig.

– Stille –

Musik: Orgel oder andere Instrumentalmusik

– Stille –

GEWISSENSERFORSCHUNG

1. Wurzeln

Bild: Wurzeln

Hinführung
Wurzeln geben Halt, sorgen für Nahrung und Kraft und Leben.
Wurzeln können viel aushalten, halten Bäume im Sturm, verankern sich im Erdreich.
Auch in sehr schweren Zeiten steht die Krone treu und gut.

Fragen
- Was sind meine Wurzeln?
- Was gibt mir Halt? Woran halte ich mich?
- Was ist für mein Leben Nahrung und Kraft?
- Trage ich Sorge um die für mich nötige Nahrung für mein Leben?
- Wo bin ich mit meinem Leben Halt für andere? Können sich andere an mir halten?

– Stille –

Musik: Orgel oder andere Instrumentalmusik

– Stille –

2. Wurzeln brauchen Platz

Bild: Wurzeln

Hinführung
Wurzeln brauchen Platz, damit sie wachsen, gedeihen und leben können.
Wurzeln verästeln und verzweigen sich im Erdreich.
Gesunde Wurzeln ermöglichen einen kräftigen Stamm und eine mächtige Krone.

Fragen

- Nehme ich mein von Gott gegebenes Leben so ernst, dass ich mir den für mich nötigen Raum und Platz zugestehe – so, dass ich wachsen kann? Zum Beispiel Zeit, mich zu erholen, Zeit und Raum, nach innen zu hören?
- Woran kann ich merken, dass ich mir selbst die nötige Aufmerksamkeit schenke?
- Wo ist es an mir, einem Menschen Raum zu geben? Zeit für ein Gespräch? Platz, um Freude oder Not zeigen zu können? Eine Geste der Zuneigung, der Versöhnung, des Angesehen-Werdens, damit er und auch ich wachsen können?
- Wo trage ich mit an der Verantwortung für unseren Lebensraum – für die Welt, in der wir leben?
- Was kann ich beitragen, dass das Leben in seinen vielfältigen Formen wachsen und gedeihen kann?

– Stille –

Musik: Orgel oder andere Instrumentalmusik

– Stille –

3. Die Wurzel der Weisheit: Gott fürchten

Bild: Gnadenstuhl

Hinführung

Im Buch Jesus Sirach (1,20a) lese ich: „Die Wurzel der Weisheit ist die Gottesfurcht." Gottesfurcht ist Ehrfurcht vor Gott.
In den Staaten Russlands kehren viele Menschen zur Kirche und zum Glauben zurück – und das nach 70 Jahren atheistischer Propaganda. In ihnen ist eine Sehnsucht nach Gott, nach dem Göttlichen.

Fragen

- Was brauche ich, um die Beziehung zu Gott – dem Göttlichen in mir – lebendig zu halten?
- Worauf will ich achten, damit mein Glaube wachsen kann?
- Wie drücke ich meinen Glauben aus und wie feiere ich ihn? In Gottesdiensten – im Jetzt – in der Stille?
- Mit wem möchte ich in der kommenden Zeit ein Gespräch darüber führen, was Gott für mich bedeutet und welche Erfahrungen mit ihm mich und mein Leben tragen?

– Stille –

Musik: Orgel oder andere Instrumentalmusik

– Stille –

Fragen

Wir haben in der Besinnung einen ganz kleinen Ausschnitt aus unserem Leben angeschaut.

Ich lade Sie jetzt ein, in einigen Augenblicken der Stille dem Raum zu geben, was mir aufgefallen und was mir wichtig geworden ist. Ich helfe Ihnen dabei mit ein paar Fragen:

- Was kommt mir in den Sinn, wenn ich auf dem Hintergrund dessen, was ich vorhin gehört habe, an meine Beziehung zu anderen Menschen – Ehepartner, Kinder, Eltern, Vorgesetzte, Freunde – denke?
- Wo habe ich anderen wehgetan, sie gekränkt?
- Wie ist meine Beziehung zu mir selbst?
- Wo habe ich mich selbst nicht leben lassen?
- Wo habe ich mich beschnitten?
- Wie habe ich die Aufgaben und Anforderungen im Beruf und in der Schule erfüllt?
- Wo fühle ich mich schuldig, wenn ich an meine Beziehung zu Gott denke?
- Wie drückt sich meine Verbindung zu ihm aus?
- Was wird mir wichtig, wenn ich an mein Eingebundensein in die Gemeinschaft der Menschen und der Welt denke?

Schuldbekenntnis und Vergebungsbitte

Bild: Blühender Apfelbaum

Wer seine Schuld in dieser Bußfeier ehrlich eingesehen und bereut hat, dem schenkt Gott sein Erbarmen. Selbst wenn unser Baum keine Frucht gebracht hätte, spräche Gott zu uns: „Herr, lass diesen Baum dieses Jahr noch stehen. Ich will den Boden um ihn herum aufgraben und düngen. Vielleicht bringt er doch Frucht." Wir dürfen neu anfangen.
Hier vorne ist die alte Wurzel mit dem neuen Zweig, das Reis aus der Wurzel Jesse: „Ein junger Trieb aus seinen Wurzeln bringt Frucht."

Bekennen wir vor Gott und voreinander unsere Schuld:
Ich bekenne Gott, dem Allmächtigen ...

Nachlass, Vergebung und Verzeihung schenke uns der allmächtige und barmherzige Herr:
Der Vater, der Sohn und der Heilige Geist. – Amen.

Liedruf: Beim Herrn ist Barmherzigkeit (GL 82,1)

Zeichen setzen

Ich möchte Sie dazu ermuntern, dass Sie Ihre innere Bereitschaft zur Umkehr auch in Taten umsetzen. Sie haben die Wurzel in der Hand, die für Sie eine Anregung sein kann. Ich schlage Ihnen vier Möglichkeiten vor:

- Sie können die Wurzel mit Ihrer Nachbarin, mit Ihrem Nachbarn tauschen.
- Sie nehmen die Wurzel mit nach Hause und gehen zu einem Menschen, mit dem Sie sich versöhnen sollten. Auch wir können einander gegenseitig von Schuld befreien.
- Legen Sie die Wurzel irgendwo hin als Erinnerung daran, dass Sie sich vor Weihnachten noch mit einem Menschen versöhnen sollten.
- Zünden Sie eine Kerze an zu einigen Minuten der Einkehr und Besinnung, und lassen Sie sich die Gedanken der Bußfeier noch einmal durch den Kopf gehen.

Lied: O Heiland, reiß die Himmel auf (GL 105)

Segen
Der Herr sei mit euch – Und mit deinem Geiste.
Gott, der uns wie Vater und Mutter ist,
segne uns und behüte uns.
Er lasse sein Angesicht über uns leuchten und sei uns gnädig.
Er wende uns sein Angesicht zu und schenke uns seinen Segen:
Gott, der Vater, der Sohn und der Heilige Geist. – Amen.

Entlassung
Gottes Licht möge euch begleiten.
Gehet hin und bringet Frieden. – Dank sei Gott, dem Herrn.

Auszug: Orgel

Schlüssel

Vorbereitung

Für die GottesdienstteilnehmerInnen: MinistrantInnen teilen an die Mitfeiernden Schlüssel aus. (Alte Schlüssel gibt es beim Trödler oder Antiquitätenhändler. Eine gute Möglichkeit, alte Schlüssel zu bekommen: Zwei Sonntage vor der Bußfeier die Leute bitten, solche im Pfarrhaus oder am folgenden Sonntag in der Kirche abzugeben. – Nebeneffekt: Das kann die Leute neugierig machen!) Außerdem auch einen oder mehrere Schlüssel als Bildmotiv.

Einzug: Orgel

Liturgischer Gruß

Im Namen des Vaters und des Sohnes und des Heiligen Geistes. – Amen.
Der Herr sei mit euch. – Und mit deinem Geiste.

Begrüßung

Zur Bußfeier als Einstimmung auf das Fest der Geburt Christi möchte ich Sie alle herzlich begrüßen. Ich lade Sie ein, in diesem Gottesdienst still zu werden, Hörende zu sein und dem Wort der Verheißung Raum zu geben. Sie haben beim Hereinkommen einen Schlüssel bekommen. Er soll uns als Zeichen, als Symbol durch diese Bußfeier begleiten.

Lied: Macht hoch die Tür (GL 107)

Gebet

Guter Gott, wir haben uns vor dir versammelt, um still zu werden, um Raum zu geben für deine Verheißung.
Öffne mir meine Tür, dass ich in meine Wirklichkeit eintrete, entdecke und erspüre, wo ich daheim bin, dass ich mich finde und bei mir zu Hause wohne.

Gib mir Kraft, die Dinge anzupacken, die in mir zu ändern sind. Und gib mir die Gelassenheit, die Dinge anzunehmen, die nicht zu ändern sind. Sei jetzt in unserer Mitte und erleuchte uns mit deinem Geist.
Darum bitten wir durch deinen Sohn, der mit dir und dem Heiligen Geist lebt, jetzt und in Ewigkeit. – Amen.

Geschichte: Das Wiedersehen

Peters Hand zittert leicht, als er sie auf die Türklinke legt. Rascher als nötig geht er auf den hintersten, in der rechten Ecke des Cafés stehenden Tisch zu. Dann bleibt er stehen und sagt:
„Ich wusste, dass ich dich hier finden werde."
Der Angeredete blickt überrascht hinter dem großen Zeitungsblatt hervor. Als er Peter sieht, lässt er das Blatt fallen und ruft:
„Du! Bist du schon wieder ..."
Das letzte Wort lässt er unausgesprochen. Aus Pietätsgründen, wie der andere vermutet.
„Drei Jahre sind lange genug", meint Peter leise.
Jean nickt, rückt den Stuhl zurecht und heißt ihn Platz nehmen.
„Trinkst du einen Schwarzen?"
„Gerne."
Der Kellner kommt. Sein Blick richtet sich suchend auf den Gast. Dann plötzlich scheint ein Erinnern auf sein Gesicht zu kommen.
„Der wusste es auch, nicht wahr?", sagt Peter.
„Ach", erwidert Jean, „Kellner wissen alles. Mach dir nichts daraus."
Sie schweigen.
Dann sagt Peter leise: „Bist du noch immer auf der Bank?"
„Ja."
„Ich wusste es. So sicher, wie ich wusste, dich zu dieser Tageszeit hier beim Lesen der Zeitung antreffen zu können."
„Hast du schon Arbeit?", fragte der andere.
„Ja, ja. Dafür hat man gesorgt. Morgen kann ich bereits anfangen. Und du ... du bist Prokurist geworden, nicht wahr?"
Jean nickte.
„Ich würde es nie mehr tun", sagte Peter leise. „Nie mehr."
Jean nickte wieder.
„Wirst du wieder bei Frau Ruegg wohnen?"

„Nein! Ich wollte. Aber sie hatte alle möglichen Ausreden, als ich heute Morgen bei ihr vorbeiging. Die wirkliche Strafe, weißt du, kommt erst jetzt."
„Nein, nein. Das ist es sicher nicht", sagt Jean rasch.
„Bedenke, es herrscht ein großer Zimmermangel."
Sie schweigen wieder. Jean zündet eine Zigarette an und spielt mit dem Blatt der Zeitung, während Peter nachdenklich in seinem Schwarzen rührt. Plötzlich blickt Jean auf die Uhr, ruft den Kellner und zahlt.
„Ich muss jetzt gehen. Verzeih bitte. Mein Zug fährt in einer halben Stunde. Ich fahre für drei Wochen aufs Land. Meine langweilige Bronchitis, du weißt ja."
Peter wird blass. Auch der, denkt er bitter, auch der hat Ausreden. Mein einziger Freund.
Er gibt Jean die Hand und wünscht ihm gute Erholung. Obwohl er nicht an diese Reise und an seine Erholung glaubt.
Peter sitzt nun allein am Tisch.
Seine Rechte spielt zitternd auf dem Blatt der Tageszeitung. Sein Blick ist gesenkt. Er sieht deshalb nicht, wie Jean sich bei der Tür entschlossen umwendet und auf den hintersten, im rechten Eck stehenden Tisch zusteuert. Erst als er dicht vor ihm steht, blickt er überrascht auf.
„Hast du etwas vergessen?", fragt Peter.
„Ja! Ich habe vergessen, dir den Schlüssel zu geben."
„Den Schlüssel. Welchen Schlüssel?"
„Den Schlüssel zu meiner Wohnung. Du kannst, solange ich weg bin, bei mir wohnen."

Gertrud Schneller

– Stille –

Musik: Orgel oder andere Instrumentalmusik

– Stille –

GEWISSENSERFORSCHUNG

1. Schlüssel – bei mir zu Hause

Bild: Schlüssel

Hinführung
Schlüssel, um mich einzuschließen
Schlüssel, um mich zu schützen
Schlüssel, um allein zu sein
Schlüssel, um bei mir zu Hause zu sein
Schlüssel, um mich zu erholen
Schlüssel, um mir Sicherheit zu geben
Schlüssel, um mir für mich Zeit zu nehmen
Schlüssel, um meine eigene Mitte zu finden

Die eigene Mitte finden
Allein darauf kommt es an, das eigene Wesen zu finden und ihm treu zu bleiben.
Denn es gibt Melodien, es gibt Worte, es gibt Bilder, es gibt Gesänge, die nur in uns, in unserer Seele schlummern. Und die zentrale Aufgabe unseres Lebens ist, sie auszusagen und auszusingen. Keine andere Aufgabe ist wichtiger, als herauszufinden, welch ein Reichtum in uns liegt. Erst dann wird unser Herz ganz, erst dann wird unsere Seele weit, erst dann wird unser Denken stark.
Um die eigene Mitte zu finden, sollten wir ab und zu unsere Tür schließen. Dazu sollten wir den Schlüssel gebrauchen.

Fragen
- Nehme ich mein von Gott gegebenes Leben so ernst, dass ich mir den für mich nötigen Raum und Platz zugestehe – so, dass ich wachsen kann? Zum Beispiel: Zeit, mich zu erholen, Zeit und Raum, nach innen zu hören?
- Woran kann ich merken, dass ich mir selbst die nötige Aufmerksamkeit schenke?

- Was brauche ich, um die Beziehung zu Gott – dem Göttlichen in mir – lebendig zu halten?
- Worauf will ich achten, damit mein Glaube wachsen kann?
- Was bedeutet Gott für mich, und welche Erfahrungen mit ihm tragen mich und mein Leben?

– Stille –

Musik: Orgel oder andere Instrumentalmusik

– Stille –

2. Schlüssel – um anderen zu öffnen

Bild: Schlüssel

Hinführung
Schlüssel, um zu öffnen
Schlüssel, um andere zu mir einzulassen
Schlüssel, um andere an meinem Leben Anteil nehmen zu lassen
Schlüssel, um mich den Mitmenschen und Gott zu öffnen

So werde ich ein Christ
Ich kann anderen Menschen die Tür zu mir aufschließen. So kann ich sie in mein Leben hereinlassen und ihnen Anteil geben an meinem Leben. Ich kann sie bei mir mitleben lassen. Sie können bei mir zu Hause sein. Bei mir erleben sie mein Denken, meinen Glauben, meine Lebensart. Durch mein Leben und meine Art bin ich einladend, und andere Menschen fühlen sich bei mir wohl und geborgen.

Fragen
- Wen lasse ich bei mir ein? Wem öffne ich die Tür? Wer darf bei mir zu Hause sein?

- Weiß ich, wie wichtig es ist, dass ich einfach da bin? Wie tröstlich mein gütiges Lächeln wirkt? Wie wohltuend meine Nähe für andere ist? Dass ich für andere ein Geschenk des Himmels bin?
- Wo braucht ein Mensch von mir Raum? Zeit für ein Gespräch? Platz, um Freude oder Not zeigen zu können? Eine Geste der Zuneigung, der Versöhnung, des Angesehen-Werdens, damit er und auch ich wachsen können?
- Wo trage ich mit an der Verantwortung für unseren Lebensraum – für die Welt, in der wir leben? Was kann ich beitragen, dass das Leben in seinen vielfältigen Formen wachsen und gedeihen kann?
- Was tue ich, dass Menschen bei mir zu Hause sein können, dass sie sich wohl und geborgen fühlen können?
- Für wen bin ich eine Schlüsselfigur? Für wen habe ich Entscheidendes im Leben geöffnet?

– Stille –

Musik: Orgel oder andere Instrumentalmusik

– Stille –

Fragen

Wir haben in der Besinnung einen ganz kleinen Ausschnitt aus unserem Leben angeschaut.

Ich lade Sie jetzt ein, in einigen Augenblicken der Stille dem Raum zu geben, was mir aufgefallen und was mir wichtig geworden ist. Ich helfe Ihnen dabei mit ein paar Fragen:

- Was kommt mir in den Sinn, wenn ich auf dem Hintergrund dessen, was ich vorhin gehört habe, an meine Beziehung zu anderen Menschen – Ehepartner, Kinder, Eltern, Vorgesetzte, Freunde – denke?
- Wo habe ich mich den anderen verschlossen?
- Wo habe ich anderen wehgetan, sie gekränkt?
- Wo habe ich mich vor anderen durch meine Worte, in meinen Gedanken, in meinen Taten zu sehr abgegrenzt und zugesperrt?
- Wie ist meine Beziehung zu mir selbst?
- Wo habe ich mich selbst nicht leben lassen?

- Wie erfülle ich meine Aufgaben im Beruf und in der Schule?
- Wo fühle ich mich schuldig, wenn ich an meine Beziehung zu Gott denke?
- Wie drückt sich meine Verbindung zu ihm aus?
- Wie gebrauche ich meinen Zauberschlüssel – das Gebet –, um die Türen des Himmels zu öffnen?
- Was wird mir wichtig, wenn ich an mein Eingebundensein in die Gemeinschaft der Menschen und der Welt denke?

– Stille –

Musik: Orgel oder andere Instrumentalmusik

– Stille –

Schuldbekenntnis und Vergebungsbitte
Wer seine Schuld in dieser Bußfeier ehrlich eingesehen und bereut hat, dem schenkt Gott sein Erbarmen. Wir dürfen neu anfangen.
Bekennen wir vor Gott und voreinander unsere Schuld:
Ich bekenne Gott, dem Allmächtigen ...

Nachlass, Vergebung und Verzeihung schenke uns der allmächtige und barmherzige Herr:
Der Vater, der Sohn und der Heilige Geist. – Amen.

Liedruf: Beim Herrn ist Barmherzigkeit (GL 82, 1)

Zeichen setzen
Wir brauchen nicht nur Schlüssel, um durch verschlossene Türen zu gelangen. Im übertragenen Sinne brauchen wir auch Schlüssel, um Menschen aufzuschließen, die mit uns leben oder uns begegnen. Es sind ganz kleine Schlüssel, die die Herzenstüren öffnen können mit Händen, die noch wissen, was Zärtlichkeit ist.
Liebe ist der einzige Schlüssel, der zu den Türen des Paradieses passt.
Es liegt ein Stückchen Paradies in jedem Lächeln, in jedem guten Wort, in der Zuneigung, die du verschenkst. Gott hat seine Liebe in deine Hände gelegt wie einen Schlüssel zum Paradies.

Ich möchte Sie dazu ermuntern, dass Sie auf Ihre gedankliche Bereitschaft zur Umkehr auch Taten folgen lassen. Sie haben den Schlüssel in der Hand, der für Sie eine Anregung sein kann. Ich schlage Ihnen vier Möglichkeiten vor:

- Sie können den Schlüssel mit Ihrer Nachbarin, mit Ihrem Nachbarn tauschen.
- Sie nehmen den Schlüssel mit nach Hause und gehen zu einem Menschen, mit dem Sie sich versöhnen wollten.
- Legen Sie den Schlüssel irgendwohin, als Erinnerung daran, dass Sie sich vor Weihnachten noch mit einem Menschen versöhnen möchten.
- Zünden Sie eine Kerze an, und lassen Sie sich einige Minuten Zeit und Raum für Ruhe.

Segen

Der Herr sei mit euch. – Und mit deinem Geiste.
Der Herr sei vor dir,
um dir den rechten Weg zu zeigen.
Der Herr sei neben dir,
um dich zu schützen.
Der Herr sei hinter dir,
um dich zu bewahren vor den bösen Menschen.
Der Herr sei unter dir,
um dich aufzufangen, wenn du fällst.
Der Herr sei in dir,
um dich zu trösten, wenn du traurig bist.
Der Herr sei um dich herum,
um dich zu verteidigen, wenn andere über dich herfallen.
Der Herr sei über dir,
um dich zu segnen.
So segne uns der gütige Gott: Der Vater, der Sohn und der Heilige Geist.
– Amen.

Entlassung

Gottes Licht möge euch begleiten.
Geht hin und bringet Frieden. – Dank sei Gott, dem Herrn.

Mache dich auf

Vorbereitung
Für die GottesdienstteilnehmerInnen: Ein Opferlicht.
Kirchenraum: Bilder: Augen, Mund, Ohren (Toni Zenz, Der Hörende).

Einzug: Orgel

Liturgischer Gruß
Im Namen des Vaters und des Sohnes und des Heiligen Geistes. – Amen.
Der Herr sei mit euch. – Und mit deinem Geiste.

Begrüßung
Zur Bußfeier als Einstimmung auf das Fest der Geburt Christi möchte ich Sie alle herzlich begrüßen.
Sie haben sich auf den Weg gemacht – hierher – in diese Kirche zur Bußfeier.
Jetzt sind Sie hier mit anderen Menschen zusammen.
Hier wollen Sie zur Ruhe, zur Besinnung kommen.
Hier wollen Sie zu sich selbst finden.
Hier können Sie loslassen und sich frei machen von allem, was Sie belastet und bedrückt.
Die Stille wird Ihnen dabei helfen.
Mache dich auf, öffne dich, lass alles Unnötige versinken,
lass alles los, was dich noch beschäftigt.

Lied: Mache dich auf (Tr 507)

Gebet
Guter Gott, wir haben uns vor dir versammelt, um innezuhalten, still zu werden, dem Raum zu geben, was wesentlich ist und uns wirklich leben lässt, und um dein Wort in unser Herz aufzunehmen.

Sei du uns nahe mit deinem Wort, mit deinem Licht und mit deinem Segen, und lass uns spüren, wo Umkehr und Neubeginn notwendig sind. Darum bitten wir durch deinen Sohn, der mit dir und dem Heiligen Geist lebt, jetzt und in Ewigkeit. – Amen.

GEWISSENSERFORSCHUNG

1. Mache dich auf – deine Augen – und werde sehend

Bild: Augen

– Stille –

Musik: Orgel oder andere Instrumentalmusik

– Stille –

Lesung: Mk 10,46–52
Und sie kommen nach Jericho. Und als er und seine Jünger und eine große Volksmenge aus Jericho hinausgingen, saß der Sohn des Timäus, Bartimäus, ein blinder Bettler, am Weg.
Und als er hörte, dass es Jesus, der Nazarener, sei, fing er an zu schreien und zu sagen: Sohn Davids, Jesus, erbarme dich meiner!
Und viele bedrohten ihn, dass er schweigen sollte; er aber schrie umso mehr: Sohn Davids, erbarme dich meiner! Und Jesus blieb stehen und sagte: Ruft ihn! Und sie rufen den Blinden und sagen zu ihm: Sei guten Mutes! Steh auf, er ruft dich! Er aber warf sein Gewand ab, sprang auf und kam zu Jesus.
Und Jesus antwortete ihm und sprach: Was willst du, dass ich dir tun soll? Der Blinde aber sprach zu ihm: Rabbuni, dass ich sehend werde.
Und Jesus sprach zu ihm: Geh hin, dein Glaube hat dich geheilt! Und sogleich wurde er sehend und folgte ihm auf dem Weg nach.

Hinführung
Das Auge ist der Spiegel des Herzens.
Das Auge ist ein Sinnesorgan, um in Kontakt mit anderen, mit der Welt zu kommen.

Anregung
Herr, ich möchte sehend werden,
damit ich die Spuren Gottes in der Schöpfung erkenne,
damit ich das nicht übersehe, was mir am nächsten ist,
damit ich wach bin für Gerechtigkeit in meiner Umgebung,
damit ich sehe ...

– Stille –

Musik: Orgel oder andere Instrumentalmusik

– Stille –

2. *Mache dich auf – deinen Mund – damit du weitersagen kannst*

Bild: Mund

– Stille –

Musik: Orgel oder andere Instrumentalmusik

– Stille –

Lesung: Mt 15,11; Mk 7, 31–37
Nicht das, was durch den Mund in den Menschen hineinkommt, macht ihn unrein, sondern was aus dem Mund des Menschen herauskommt, das macht ihn unrein.

Und er verließ das Gebiet von Tyrus und kam über Sidon an den See von Galiläa, mitten in das Zehnstädtegebiet. Und sie bringen einen Tauben zu ihm, der mit Mühe redete, und bitten ihn, dass er ihm die Hand auflege. Und er nahm ihn von der Volksmenge beiseite, legte seine Finger in seine Ohren und berührte mit Speichel seine Zunge; und er blickte zum Himmel, seufzte und spricht zu ihm: Hefata! Das ist: Werde geöffnet! Und sogleich wurden seine Ohren geöffnet, und die Fessel seiner Zunge wurde gelöst, und er redete richtig.

Hinführung
Der Mensch kann den Mund auftun und seine Meinung sagen.
Der Mensch kann den Mund auftun, lügen, Falsches sagen und verletzen.
Der Mensch kann den Mund auftun und mit seinem gütigen Wort trösten.
Der Mensch kann durch sein Zuhören den anderen zum Reden bringen, der für alles stumm war.
Der Mensch kann seinen Mund auftun zum Dank und zum Lobpreis Gottes.

Anregung
„Geht und verkündet die frohe Botschaft",
dass die Liebe stärker ist als der Hass,
dass das Licht heller ist als die Dunkelheit,
dass die Menschlichkeit liebenswerter ist als die Unmenschlichkeit.
Sagt es weiter, macht den Mund auf, schweigt nicht, verkündet – durch das Leben, Reden, Handeln ...

– Stille –

Musik: Orgel oder andere Instrumentalmusik

– Stille –

3. Mache dich auf – deine Ohren – und werde hörend

Bild: Ohren (Toni Zenz, Der Hörende)

– Stille –

Musik: Orgel oder andere Instrumentalmusik

– Stille –

Evangelium: Mk 7,33–35a
Er nahm ihn beiseite, von der Menge weg, legte ihm die Finger in die Ohren und berührte dann die Zunge des Mannes mit Speichel; danach blickte er zum Himmel auf, seufzte und sagte zu dem Taubstummen: Effata!, das heißt: Öffne dich! Sogleich öffneten sich seine Ohren, seine Zunge wurde von ihrer Fessel befreit, und er konnte richtig reden.

Hinführung
Die Gestik ist etwas ungewöhnlich für uns:
Die Arme ganz am Körper anliegend.
Die Hände sollen wie Schalltrichter die Ohren vergrößern.
Der Kopf neigt sich zurück.
Die ganze Figur ist wie ein großes Ohr. Ich bin ganz Ohr.
Zum Hören braucht der Mensch mehr als die Ohren:
Er braucht alles, was er hat. Er braucht sich selbst ganz dazu:
Das Gesicht drückt interessierte Aufmerksamkeit aus.
Der Mund ist geschlossen. Er kann schweigen.
Die Augen sind auf jemanden gerichtet.
Ganz groß und fragend blicken sie zu diesem Jemand auf, als wäre es sehr wichtig, als wollten sie ihn ganz auf sich zukommen lassen und aufnehmen.

Anregung
Das Große und Schöne kommt meistens ganz leise zu uns. Gott kommt mit seiner Botschaft ganz leise. Ihn kann ich nur hören, wenn ich ganz offen, ganz Ohr bin.
Was sehe ich?
Was spricht mich an?
Wie wirkt das Bild auf mich?

Fragen

- Bin ich ein Mensch, der dem anderen zuhören kann, der ganz gesammelt ist, wenn der andere spricht – der ganz Ohr ist – der sich ganz dem anderen widmet?
- Wie viel gilt mir das Wort des anderen?
- Höre ich als Vater oder Mutter auf meine Kinder? Als Mann auf meine Frau und umgekehrt? Als Vorgesetzter auf die Untergebenen? Höre ich als Kind auf meine Eltern?

Liedruf: Beim Herrn ist Barmherzigkeit (GL 82,1)

Opferlichter

Die MinistrantInnen zünden die Opferlichter der TeilnehmerInnen an.

Lied: Mache dich auf (Tr 507)

Schuldbekenntnis und Vergebungsbitte

Bekennen wir vor Gott und voreinander unsere Schuld:
Ich bekenne Gott, dem Allmächtigen ...

Nachlass, Vergebung und Verzeihung schenke uns der allmächtige und barmherzige Herr:
Der Vater, der Sohn und der Heilige Geist. – Amen.

Liedruf: Beim Herrn ist Barmherzigkeit (GL 82,1)

Zeichen setzen

Ich möchte Sie dazu ermuntern, dass Sie auf Ihre innere Bereitschaft zur Umkehr auch Taten folgen lassen. Sie haben am Eingang ein Opferlicht bekommen, und Sie haben es jetzt angezündet. Sie können es mit nach Hause nehmen. Es kann für Sie eine Anregung sein:

- Ich möchte sehend werden.
- Ich möchte die richtigen Worte finden.
- Ich möchte zuhören können.

Liedruf: O Heiland, reiß die Himmel auf (GL 105)

Segen
Der Herr, unser Gott, segne uns und behüte uns.
Er lasse sein Licht für uns leuchten,
damit wir uns nicht fürchten.
Er schenke uns Freude aneinander,
damit wir Freude verschenken.
Er gebe uns seinen Frieden,
damit wir ihn hinaustragen in die Welt.
So segne uns der allmächtige Gott:
Der Vater, der Sohn und der Heilige Geist. – Amen.

Entlassung
Gottes Licht möge euch begleiten.
Gehet hin und bringet Frieden. – Dank sei Gott, dem Herrn.

Auszug: Orgel

Wer sind meine Wegweiser?

Vorbereitung
Für die GottesdienstteilnehmerInnen: MinistrantInnen teilen an alle Mitfeiernden einen Stein aus, auf dem verschiedene Wegweiser gemalt sind. (Gruppen aus der Gemeinde bereiten vor oder Lehrer und Schüler im Fach „Werken".)
Kirchenraum: Folgende Bildmotive: Weg, Steine, Weggefährten.

Einzug: Orgel

Liturgischer Gruß
Im Namen des Vaters und des Sohnes und des Heiligen Geistes. – Amen.
Der Herr sei mit euch. – Und mit deinem Geiste.

Begrüßung
Zur Bußfeier als Einstimmung auf das Fest der Geburt Christi möchte ich Sie alle herzlich begrüßen.
Sie haben sich auf den Weg gemacht – hierher – in diese Kirche zur Bußfeier.
Wir haben in diesem Jahr den Advent unter das Thema „Weg" gestellt. Vom Altar, von der Verkündigung des Wortes Gottes geht der Weg hinaus in unser Leben.
Der Weg ist deshalb auch das Thema dieser Bußfeier: Sich auf den Weg machen, Steine auf dem Weg, Weggefährten.
Der Stein, den Sie am Eingang bekommen haben, ist ein Stein, der den Weg weisen kann.

Lied: Mache dich auf (Tr 507)

Gebet
Guter Gott, wir haben uns versammelt, um auf unser Leben zu schauen.
Im Nachdenken über unsere Wegweiser und über unsere Wege wollen wir uns besinnen auf die Umwege und Irrwege in unserem Leben.
Unsere Gemeinschaft auf diesem Weg möge gestärkt werden durch die Kraft des Heiligen Geistes.
Darum bitten wir durch deinen Sohn, der mit dir und dem Heiligen Geist lebt, jetzt und in Ewigkeit. – Amen.

GEWISSENSERFORSCHUNG

1. *Sich auf den Weg machen*

Bild: Weg

Lesung: Jes 2,2–5
Am Ende der Tage wird es geschehen ... (siehe S. 34)

Hinführung
Seit meiner Geburt bin ich auf dem Weg. Gott hat mich auf den Weg geschickt.
Oft war mein Weg gerade. Ich bin vorwärts gekommen. Mein Weg ging aufwärts.
Ich habe auch Umwege gemacht. Auch sie haben mich ans Ziel gebracht.
Ich bin krumme Wege gegangen, Irrwege waren es.
Ich habe Ausweglosigkeit erlebt.
Manche Situationen in meinem Leben habe ich als Kreuzweg erlebt.

Fragen
- Ist mir bewusst, dass Gott mich auf den Weg geschickt hat, mit mir etwas vorhat?
- Stelle ich mich seinem Anspruch?
- Habe ich den Weg eingehalten, auf den man mich geschickt hat?

- Was ist bei meinen Umwegen, bei den Irrwegen und krummen Wegen herausgekommen?
- Wie verhalte ich mich, wenn ich ein Kreuz zu tragen habe?

– Stille –

Musik: Orgel oder andere Instrumentalmusik

– Stille –

2. Steine auf dem Weg

Bild: Steine

Lesung: Joh 8,1–11
Jesus ging zum Ölberg. Am frühen Morgen begab er sich wieder in den Tempel. Alles Volk kam zu ihm. Er setzte sich und lehrte es. Da brachten die Schriftgelehrten und die Pharisäer eine Frau, die beim Ehebruch ertappt worden war. Sie stellten sie in die Mitte und sagten zu ihm: Meister, diese Frau wurde beim Ehebruch auf frischer Tat ertappt. Mose hat uns im Gesetz vorgeschrieben, solche Frauen zu steinigen. Nun, was sagst du? Mit dieser Frage wollten sie ihn auf die Probe stellen, um einen Grund zu haben, ihn zu verklagen. Jesus aber bückte sich und schrieb mit dem Finger auf die Erde. Als sie hartnäckig weiterfragten, richtete er sich auf und sagte zu ihnen: Wer von euch ohne Sünde ist, werfe als Erster einen Stein auf sie. Und er bückte sich wieder und schrieb auf die Erde. Als sie seine Antwort gehört hatten, ging einer nach dem anderen fort, zuerst die Ältesten. Jesus blieb allein zurück mit der Frau, die noch in der Mitte stand. Er richtete sich auf und sagte zu ihr: Frau, wo sind sie geblieben? Hat dich keiner verurteilt? Sie antwortete: Keiner, Herr. Da sagte Jesus zu ihr: Auch ich verurteile dich nicht. Geh und sündige von jetzt an nicht mehr!

Hinführung
Steine können Wegweiser sein, können mir den Weg zeigen.
Ich kann über Steine stolpern.
Steine können mir den Weg verstellen.
Ich kann mit Steinen auf andere werfen.

Fragen
- Was ist für mich Wegweiser? – Die Gebote Gottes? Das Wort Gottes?
- Wer ist für mich Wegweiser? – Das Wort der Eltern oder Vorgesetzten? Das Wort meines Partners?
- Wem bin ich Wegweiser?
- Kann ich die Stolpersteine aus dem Weg räumen?
- Habe ich auf andere mit Steinen geworfen? Sie verurteilt?

– Stille –

Musik: Orgel oder andere Instrumentalmusik

– Stille –

3. Weggefährten

Bild: Weggefährten

Lesung: Lk 24,13–16.28–29
Am gleichen Tag waren zwei von den Jüngern auf dem Weg in ein Dorf namens Emmaus, das sechzig Stadien von Jerusalem entfernt ist. Sie sprachen miteinander über all das, was sich ereignet hatte. Während sie redeten und ihre Gedanken austauschten, kam Jesus hinzu und ging mit ihnen. Doch sie waren wie mit Blindheit geschlagen, so dass sie ihn nicht erkannten.
So erreichten sie das Dorf, zu dem sie unterwegs waren. Jesus tat, als wolle er weitergehen, aber sie drängten ihn und sagten: Bleib doch bei uns; denn es wird bald Abend, der Tag hat sich schon geneigt. Da ging er mit hinein, um bei ihnen zu bleiben.

Hinführung
Die Eltern sind meine ersten Weggefährten.
Die Geschwister haben mich auf dem Weg begleitet.
Schulkameraden und Freundinnen, Mitschülerinnen und Freunde sind mit mir gegangen.

Fragen
Wenn ich auf mein Leben zurückschaue:
- Welche Weggefährten haben mir gut getan?
- Wie wichtig waren mir bestimmte Weggefährten?
- Welche Menschen haben entscheidend meinen Weg geprägt?
- Gibt es Menschen, die mich auf einen falschen Weg geführt haben?

Wenn ich auf mein Leben zurückschaue:
- Welchen Menschen habe ich als Weggefährte gut getan?
- Wen habe ich behutsam bei der Hand genommen und auf seinem Weg begleitet?
- Habe ich jemand auf eine falsche Fährte gelockt?

– Stille –

Musik: Orgel oder andere Instrumentalmusik

– Stille –

Lied: Macht hoch die Tür (GL 107)

Schuldbekenntnis und Vergebungsbitte
Bekennen wir vor Gott und voreinander unsere Schuld:
Ich bekenne Gott, dem Allmächtigen ...

Nachlass, Vergebung und Verzeihung schenke uns der allmächtige und barmherzige Herr:
Der Vater, der Sohn und der Heilige Geist. – Amen.

Liedruf: Beim Herrn ist Barmherzigkeit (GL 82,1)

Zeichen setzen

Ich möchte Sie dazu ermuntern, dass Sie auf Ihre gedankliche Bereitschaft zur Umkehr auch Taten folgen lassen. Sie haben am Eingang einen Stein bekommen. Sie können ihn mit nach Hause nehmen. Er kann für Sie eine Anregung sein:

- Ich kann den Stein jemandem geben, der für mich Wegweiser ist – und ihm dafür danken.
- Ich kann jemanden um Verzeihung bitten, wenn ich einen Stein auf ihn geworfen habe.
- Ich kann mich mit jemanden versöhnen, dem ich Steine in den Weg gelegt habe.

Lied: O Heiland, reiß die Himmel auf (GL 105)

Segen

Gott segne dich.
Er erfülle deine Füße mit Tanz
und deine Arme mit Kraft.
Er erfülle dein Herz mit Zärtlichkeit
und deine Augen mit Lachen.
Er erfülle deine Ohren mit Musik
und deine Nase mit Wohlgerüchen.
Er erfülle deinen Mund mit Jubel
und dein Herz mit Freude.
Er schenke dir immer neu die Gnade der Wüste:
stilles, frisches Wasser und neue Hoffnung.
Er gebe uns allen immer neu die Kraft,
der Hoffnung ein Gesicht zu geben.
So segne uns der allmächtige Gott:
Der Vater, der Sohn und der Heilige Geist. – Amen.

Entlassung

Gottes Licht möge euch auf eurem Weg begleiten.
Gehet hin und bringet Versöhnung und Frieden. – Dank sei Gott, dem Herrn.

Scherben auf meinem Weg

Vorbereitung
Für die GottesdienstteilnehmerInnen: MinistrantInnen teilen an die Mitfeiernden Opferlichter aus.
Gottesdienstraum: Folgende Bildmotive: Scherben, Scherbenhaufen, Scherben mit scharfen Kanten, Unordnung in einer Wohnung oder in einer Straße oder sonst irgendwo, zwei Menschen miteinander auf einer Bank oder auf einem Weg.

Bild: Scherben

Einzug: Orgel

Liturgischer Gruß
Im Namen des Vaters und des Sohnes und des Heiligen Geistes. – Amen.
Der Herr sei mit euch. – Und mit deinem Geiste.

Begrüßung
Zur Bußfeier als Einstimmung auf das Fest der Geburt Christi möchte ich Sie alle herzlich begrüßen. Sie haben sich auf den Weg gemacht – hierher – zu unserer Bußfeier in diese Kirche.
Das Licht, das Sie am Eingang bekommen haben, kann uns den Weg weisen.

Lied: Mache dich auf (Tr 507)

Gebet
Guter Gott, in der Zeit der Vorbereitung auf das Kommen deines Sohnes Jesus Christus nehmen wir uns in dieser Feier Zeit, auf dein Wort zu hören.
Wir möchten hineinleuchten in unser Leben und sehen, wo es Scherben gegeben hat, wo Dinge in unserem Leben zerbrochen sind.
Lass uns spüren, wo Umkehr und Neubeginn notwendig sind.

Darum bitten wir durch deinen Sohn, der mit dir und dem Heiligen Geist lebt, jetzt und in Ewigkeit. – Amen.

GEWISSENSERFORSCHUNG

Ich lade Sie in dieser Bußfeier ein, auf Fehler, Versäumnisse, Sünden in Ihrem Leben zu schauen. Dann bitten wir Gott um Verzeihung, um Vergebung unserer Schuld, und wir lassen sie zurück und schauen nach vorne auf das, was in der nächsten Zeit auf uns wartet.

Klangschale

1. Scherben – Brüche

Bild: Scherbenhaufen

Lesung: Jer 19,1–3.10
Der Herr sprach zu mir: Geh und kauf dir einen irdenen Krug, und nimm einige Älteste des Volkes und der Priester mit dir! Dann geh hinaus zum Tal Ben-Hinnom am Eingang des Scherbentors! Dort verkünde die Worte, die ich dir sage. Du sollst sagen: Hört das Wort des Herrn, ihr Könige und ihr Einwohner Jerusalems! So spricht der Herr der Heere, der Gott Israels: Seht, ich bringe solches Unheil über diesen Ort, dass jedem, der davon hört, die Ohren gellen. – Dann zerbrich den Krug vor den Augen der Männer, die mit dir gehen.

Hinführung
Ich habe Vorstellungen an das Leben.
Ich habe meine Wünsche und Pläne und Träume. Vieles davon ist in Erfüllung gegangen.
Ich habe Freundschaften geknüpft.
Ich habe in meinem Leben etwas aufgebaut.
Manches davon ist in Brüche gegangen. Und es sind Scherben da.

Fragen

- Was ist in Scherben gegangen? Was liegt in Trümmern?
- Ging eine Freundschaft in Brüche mit einem Freund, einer Freundin?
- Ist meine Ehe in Brüche gegangen?
- Habe ich Dinge gesagt oder getan, die mir jetzt Leid tun und die ich besser nicht gesagt, nicht getan hätte?
- Bin ich von meinem Beruf enttäuscht, unbefriedigt?
- Bin ich von meinen Kindern enttäuscht?
- Sind sie ganz anders geworden, als ich es mir vorgestellt habe? Wollte ich nur getreue Spiegelbilder meiner selbst? Habe ich vergessen, dass Kinder wie Pfeile sind, die ich vom Bogen abschieße und die ganz woanders stecken bleiben?
- Bin ich vom Leben enttäuscht?

– Stille –

Musik: Orgel oder andere Instrumentalmusik

– Stille –

2. Scherben – Verletzungen

Bild: Scherben mit scharfen Kanten

Lesung: Joh 8,1–11
Jesus und die Ehebrecherin (siehe S. 91)

Hinführung

Scherben können verletzen, dem anderen Wunden reißen.
Wenn ich meine Aggressionen loswerden möchte, kann ich Dinge zerschlagen.

Fragen

- Habe ich andere verletzt? – Wie eine Scherbe verletzen kann?
- Etwa mit spitzer Zunge, ironisch, sarkastisch, zerstörend, böse?

- Warum bin ich so?
- Weil ich selber enttäuscht bin und anderen die Schuld gebe?
- Weil ich meine Aggressionen bei anderen loswerden möchte?

– Stille –

Musik: Orgel oder andere Instrumentalmusik

– Stille –

3. Chaos

Bild: Unordnung in einer Wohnung oder in einer Straße oder sonst irgendwo

Lesung: Gen 1,1–3
Im Anfang schuf Gott Himmel und Erde; die Erde aber war wüst und wirr, Finsternis lag über der Urflut, und Gottes Geist schwebte über dem Wasser.
Gott sprach: Es werde Licht. Und es wurde Licht.

Hinführung
Ich habe meinen Anteil zum Chaos, zur Unordnung in meiner Welt, in meiner Familie, an meiner Arbeitsstelle beigetragen.
Ich habe Unruhe und Chaos in Gruppen hineingetragen.
Ich habe gejammert über die schlechten Zeiten und damit eine ungute Atmosphäre verbreitet.

Fragen
- Freue ich mich an dem Guten, das überall geschieht?
- Sehe ich das Positive in der Welt, in meiner Umgebung?
- Gebe ich dem Positiven und Guten in meiner Welt Raum?

– Stille –

Musik: Orgel oder andere Instrumentalmusik

– Stille –

4. Menschen

Bild: Zwei Menschen miteinander auf einer Bank oder auf einem Weg

Lesung: Lk 24,13–16.28–29
Emmaus (s. S. 92)

Hinführung
Menschen haben mich in den letzten Jahren begleitet.
Ich habe Entscheidungen getroffen, die sich als falsch herausgestellt haben.
Ich habe Fehler gemacht, die mir jetzt Leid tun.

Fragen
Wenn ich auf mein Leben in diesen Jahren zurückschaue:
- Welche Weggefährten haben mir gut getan?
- Wie wichtig waren mir bestimmte Weggefährten?
- Welche Menschen haben entscheidend meinen Weg geprägt?
- Gibt es Menschen, die mich auf einen falschen Weg geführt haben?

Wenn ich auf mein Leben in diesen Jahren zurückschaue:
- Welchen Menschen habe ich als Weggefährte gut getan?
- Wen habe ich behutsam bei der Hand genommen und auf seinem Weg begleitet?
- Habe ich jemand auf eine falsche Fährte gelockt?

Wenn ich an die Fehlentscheidungen und Fehler denke:
Ich bekenne mich zu den Fehlentscheidungen und Fehlern und schaue sie noch einmal an.
Sie sind ein Teil von mir und als solche kann ich sie annehmen.
Ich lasse sie bewusst zurück.

– Stille –

Musik: Orgel oder andere Instrumentalmusik

– Stille –

Schuldbekenntnis und Vergebung

Bekennen wir vor Gott und voreinander unsere Schuld:
Ich bekenne Gott, dem Allmächtigen ...

Nachlass, Vergebung und Verzeihung schenke uns der allmächtige und barmherzige Herr:
Der Vater, der Sohn und der Heilige Geist. – Amen.

Liedruf: Beim Herrn ist Barmherzigkeit (GL 191,1)

Zeichen setzen

Ich möchte Sie dazu ermuntern, dass Sie auf Ihre innere Umkehrbereitschaft auch Taten folgen lassen. Sie haben am Eingang ein Opferlicht bekommen, und Sie haben es jetzt angezündet. Sie können es mit nach Hause nehmen. Es kann für Sie eine Anregung sein:

- Ich kann das Licht jemandem geben, der für mich Licht war – und ihm dafür danken.
- Ich kann jemand um Verzeihung bitten, wenn ich ihn gekränkt habe.
- Ich kann mich mit jemand versöhnen, wenn noch etwas zwischen uns nicht geordnet ist.

Lied: O Heiland, reiß die Himmel auf (GL 105)

Segen

Der Herr beschenke dich
mit der Behutsamkeit seiner Hände,
mit dem Lächeln seines Mundes,
mit der Wärme seines Herzens,
mit der Güte seiner Augen,
mit der Freude seines Geistes,

mit dem Geheimnis seiner Gegenwart.
So segne uns der allmächtige Gott:
Der Vater, der Sohn und der Heilige Geist. – Amen.

Entlassung
Gottes Licht möge euch begleiten.
Gehet hin und bringet Frieden. – Dank sei Gott, dem Herrn.

Auszug: Orgel

Bußfeiern in der Fastenzeit

Die helfende Hand

Vorbereitung
Für die GottesdienstteilnehmerInnen: MinistrantInnen teilen an die Mitfeiernden eine Karte mit dem Bild des Aussätzigen aus (z.B. Heilung der Aussätzigen. Evangeliar aus Echternach, um 1040, Brüssel, Bibliothèque Royale. ars liturgica Kunstverlag D-56653 Maria Laach Nr. 405610).

Einzug: Orgel

Liturgischer Gruß
Im Namen des Vaters und des Sohnes und des Heiligen Geistes. – Amen.
Der Herr sei mit euch. – Und mit deinem Geiste.

Begrüßung
Zur Bußfeier als Einstimmung auf das Fest der Auferstehung Christi möchte ich Sie alle herzlich begrüßen.
Wir versammeln uns heute Abend miteinander vor Gott. Ihm bringen wir unser Leben, unsere Arbeit und unser Tun, unser Denken und Fühlen, unsere Sehnsüchte und Hoffnungen, unsere Sorgen und Ängste.
Wir bringen damit auch all das vor Gott, wo wir uns absondern, uns abschneiden und abtrennen – von ihm, Gott, der Quelle unseres Lebens, von unseren Mitmenschen und von uns selbst.
Öffnen wir unser Herz für Gottes Gegenwart, für seine Liebe und das Leben aus ihm, denn wir dürfen gewiss sein: Sein Ja zu uns gilt uns immer neu.

Lied: Hilf, Herr meines Lebens (GL 622)

Einführung ins Thema
Beim Betreten der Kirche haben Sie ein Bild von der Heilung des Aussätzigen in die Hand bekommen. Das Bild soll uns durch diese Bußfei-

er begleiten und uns Anregung sein zum Innehalten. Auf diese Weise wollen wir uns Gedanken machen über einzelne Bereiche in unserem Leben, in denen wir hinter dem Willen Gottes zurückgeblieben und dadurch schuldig geworden sind. Das Bild in Ihrer Hand ruft viele Worte, Gedankenverbindungen und Vorstellungen in Ihnen wach: Nehmen Sie bei den folgenden Worten wahr, was Sie anspricht.

Gebet
Verzeihender Gott, wir glauben, dass heile Welt und heilende Verhältnisse da ans Licht des Tages kommen, wo Menschen so wie Jesus aufmerksames Mitleid haben, ihre helfende Hand ausstrecken, den anderen Menschen wohltuend berühren und in der Beziehung zu ihm das richtige Wort finden.
Deshalb richten wir unsere Hoffnung darauf, dass wir in dieser Feier sehen, wo unsere Fehler und Versäumnisse sind.
Darum bitten wir durch Christus, unsern Herrn. – Amen.

– Stille –

Musik: Orgel oder Instrumentalmusik

– Stille –

Evangelium: Mk 1,40–45
Ein Aussätziger kam zu Jesus und bat ihn um Hilfe; er fiel vor ihm auf die Knie und sagte: Wenn du willst, kannst du machen, dass ich rein werde. Jesus hatte Mitleid mit ihm; er streckte die Hand aus, berührte ihn und sagte: Ich will es – werde rein! Im gleichen Augenblick verschwand der Aussatz, und der Mann war rein. Jesus schickte ihn weg und schärfte ihm ein: Nimm dich in Acht! Erzähl niemand etwas davon, sondern geh, zeig dich dem Priester und bring das Reinigungsopfer dar, das Mose angeordnet hat. Das soll für sie ein Beweis (meiner Gesetzestreue) sein. Der Mann aber ging weg und erzählte bei jeder Gelegenheit, was geschehen war; er verbreitete die ganze Geschichte, so dass sich Jesus in keiner Stadt mehr zeigen konnte; er hielt sich nur noch außerhalb der Städte an einsamen Orten auf. Dennoch kamen die Leute von überallher zu ihm.

Vier Dinge, die heilsam sind

Im heutigen Evangelium lernen wir vier Dinge, die für die Menschen heilsam sind: das aufmerksame Mitleid, die helfende Hand, die wohltuende Berührung und das richtige Wort.
„Jesus hatte Mitleid mit dem Aussätzigen, streckte seine Hand aus, berührte ihn und sagte: Werde rein!"

1. Mitleid haben, Anteilnahme ausdrücken

Hinführung

Wenn ich „mit-leide", kann ich bei einem Menschen dabei sein, es kann ihm helfen, gesund zu werden. Mitleid mit jemand, der in einer Lebenskrise ist, der an irgendetwas schwer zu tragen hat, der um einen lieben Menschen trauert. Um Anteilnahme am Schicksal eines anderen auszudrücken, muss ich sehr behutsam mit ihm umgeben. Ich muss nicht unbedingt viel reden. Ich muss keine Ratschläge geben, sondern im Gespräch kann sich für den anderen eine Lösung ergeben.

Fragen

- Kann ich mit den anderen Menschen mitleiden? Bringe ich für andere Menschen Mitgefühl auf?
- Habe ich Zeit für einen, dem es schlecht geht?
- Kann ich meine Anteilnahme am Schicksal eines anderen ausdrücken: bei einem Todesfall, bei einer Krankheit, bei einem schweren Leid, das ihn getroffen hat?
- Kann ich mich mit Behutsamkeit in den anderen hineinfühlen?
- Was hindert mich, nicht mit allen Mitmenschen Mitleid zu haben?
- Kann ich Mitleid und Anteilnahme annehmen, oder blocke ich ab?
- Kann ich den Schmerz des anderen aushalten, ohne gleich vorschnell eine Lösung anzubieten?

– Stille –

Musik: Orgel oder andere Instrumentalmusik

– Stille –

2. Die helfende Hand

Wenn ich einem anderen die Hand entgegenstrecke, kann er gesund werden. Wenn ich dem anderen die Hand entgegenstrecke, muss meine Hand leer sein, damit mich nicht andere Dinge in Beschlag nehmen. Dem Bedürftigen, dem Kranken, dem Mitmenschen, der mich um Verzeihung bittet oder den ich um Verzeihung bitte, strecke ich die Hand entgegen.

Fragen

- Wie geht es mir, wenn jemand in der Familie, in der Nachbarschaft oder im Bekanntenkreis krank ist? Kann ich zu ihm gehen und ihm die Hand entgegenstrecken?
- Kann ich Hand anlegen und meine Hilfe anbieten? Kann ich dem Bedürftigen die Hand entgegenstrecken?
- Wie steht es mit meiner Großzügigkeit den Armen gegenüber? Wo ist meine helfende Hand in der Nachbarschaftshilfe?
- Bin ich bereit anzupacken, z.B. bei einem Unglück, einer Katastrophe?
- Wenn mich jemand um Verzeihung bittet – kann ich ihm die Hand entgegenstrecken oder ziehe ich sie zurück?
- Wenn ich ihm meine verzeihende Hand gegeben habe – ist die Sache dann auch für mich erledigt?

– Stille –

Musik: Orgel oder andere Instrumentalmusik

– Stille –

3. Die wohltuende Berührung

Wenn den anderen meine Zuwendung anrührt, kann er gesund werden. Meine spontane Hilfe kann ihn berühren. „Das, was du mir damals in der Situation gesagt hast, hat mich berührt." Ich kann durch meine Hand und durch meine Zuwendung den anderen berühren. Es gibt Situationen, wo ich am besten nichts sage, sondern den andern nur berühre. Ich kann einen Menschen berühren, aber ich muss ihn zur rechten Zeit wieder loslassen. Wenn ich den anderen festhalte, kann er nicht selber heil werden, denn ich binde ihn zu stark an mich.

Fragen

- Kann ich durch meine spontane Hilfe den anderen berühren?
- Kann ich einen Kranken berühren – so, dass es ihm wohl tut?
- Was hindert mich, einen andern zu berühren?
- Wenn in der Nachbarschaft, wenn im Bekanntenkreis jemand gestorben ist – gehe ich zur Trauerfamilie, um meine Anteilnahme auszudrücken?
- Finde ich die richtige Geste zur rechten Zeit?
- Verletze ich durch meine Berührung?

– Stille –

Musik: Orgel oder andere Instrumentalmusik

– Stille –

4. Das richtige Wort

Wenn ich das richtige Wort für den anderen habe, kann er gesund werden. Durch mein Wort achte ich die Würde des anderen. Ich versuche, mein Wort in der Sprache des anderen auszudrücken.

Fragen

- Finde ich das richtige Wort für den anderen?
- Kommt ein gutes Wort über meine Lippen? Habe ich ein Wort des Lobes für die anderen: für die geleistete Arbeit, für eine gute Schulnote, für ein gutes Essen, für die saubere Wohnung?
- Wie oft kommt ein gutes Wort über unsere Lippen?
- Vertraue ich dem anderen?
- Verhindere ich Heilung, indem ich über andere schlecht rede?
- Bin ich in meinem Reden wahrhaftig?

– Stille –

Musik: Orgel oder andere Instrumentalmusik

– Stille –

Liedruf: Beim Herrn ist Barmherzigkeit (GL 191,1)

Text: wussten sie schon

wussten sie schon
dass die nähe eines menschen
gesund machen
krank machen
tot und lebendig machen kann
wussten sie schon
dass die nähe eines menschen
gut machen
böse machen
traurig und froh machen kann
wussten sie schon
dass das wegbleiben eines menschen
sterben lassen kann
dass das kommen eines menschen
wieder leben lässt
wussten sie schon
dass das wort oder das tun eines menschen

wieder sehend machen kann
einen der für alles blind war
der nichts mehr sah
der keinen sinn mehr sah in dieser welt
und in seinem leben

Wilhelm Willms

Schuldbekenntnis und Vergebungsbitte
Schwestern und Brüder! Mit dem Bild in unserer Hand haben wir Besinnung gehalten.
Alle Schuld und alles Versagen, das wir dabei entdeckt haben, wollen wir nun vor Gott und voreinander bekennen:
Ich bekenne Gott, dem Allmächtigen …

Nachlass, Vergebung und Verzeihung schenke uns der allmächtige und barmherzige Herr:
Der Vater, der Sohn und der Heilige Geist. – Amen.

Lied: Nun danket alle Gott (GL 266)

– *Stille* –

Musik: Orgel oder andere Instrumentalmusik

– *Stille* –

Zeichen setzen
Als Zeichen der Umkehr und Versöhnung schlage ich Ihnen vor, eines der vier Dinge auszuprobieren:
- das aufmerksame Mitleid
- die helfende Hand
- die wohltuende Berührung
- und das richtige Wort

Segen
Dass sich Umkehr bei uns ereignet, dazu segne uns der allmächtige Gott: Der Vater, der Sohn und der Heilige Geist. – Amen.

Entlassung
Gehet hin und bringet Versöhnung und Frieden. – Dank sei Gott, dem Herrn.

Auszug: Orgel

Das Mahl mit den Sündern

Vorbereitung
Für die GottesdienstteilnehmerInnen: MinistrantInnen teilen an alle Karten mit dem Bild von Sieger Köder „Das Mahl mit den Sündern" (Schwabenverlag, 73760 Ostfildern, Doppelkarte SK 217) aus.

Musik: Orgel

Liturgischer Gruß
Im Namen des Vaters und des Sohnes und des Heiligen Geistes. – Amen.
Der Herr sei mit euch. – Und mit deinem Geiste.

Begrüßung
Zur Bußfeier als Einstimmung auf das Fest der Auferstehung Christi möchte ich Sie alle herzlich begrüßen.
Wir sind in dieser Feier eine hoffnungsvolle und nicht trostlose Gemeinschaft. Immer wieder stoßen wir in der frohen Botschaft auf das Angebot der Vergebung, das Jesus macht. Wir dürfen zu unseren Fehlern und zu unserem Versagen stehen, weil wir von Gott angenommen sind:
- als Menschen mit Charismen, mit Gnadengaben, einerseits
- und als Sünderinnen und Sünder andererseits, die ihre Fehler und ihre Schuld bereuen.

Dieses Bewusstsein zu stärken und uns Jesus anzuvertrauen, der immer wieder die Nähe von Sünderinnen und Sündern und nicht von Selbstgerechten gesucht hat, ist Sinn dieser Bußfeier.

Lied: Hilf, Herr meines Lebens (GL 622)

Einführung ins Thema
Beim Betreten der Kirche haben Sie das Bild von Sieger Köder „Das Mahl mit den Sündern" in die Hand bekommen. Das Bild soll uns durch diese Bußfeier begleiten und uns Anregung sein zum Innehalten. Sieger Kö-

der ist Pfarrer im Schwäbischen. Er ist einer der bekanntesten modernen religiösen Maler in Deutschland. Vielleicht ist die Darstellung für Sie auf den ersten Blick etwas ungewohnt. Ich hoffe, dass das Bild Sie durch die Feier begleiten wird und dass Sie es am Ende der Feier mit anderen Augen sehen. Wir wollen uns Gedanken machen über einzelne Bereiche in unserem Leben, in denen wir hinter dem Willen Gottes zurückgeblieben und dadurch schuldig geworden sind. Das Bild in Ihrer Hand ruft viele Worte und Gedankenverbindungen, Vorstellungen und Bilder wach: Nehmen Sie bei den folgenden Worten wahr, was Sie anspricht.

Gebet
Gott, wir kommen, um bei dir still zu werden.
Öffne unsere Augen, damit wir die kleinen Wunder an unserem Weg wahrnehmen.
Öffne unsere Ohren, damit wir auch die Herzenstöne derer vernehmen können, mit denen wir täglich umgehen.
Öffne unseren Mund, damit er zu einer Quelle der Ermutigung wird, und schließe unser Herz auf, damit wir wieder Wege zueinander finden, wenn wir in Gefahr stehen, uns zu verlieren.
Ja, schließe uns jetzt ganz auf, und mache uns aufnahmebereit für das, was du uns heute Abend sagen willst.
Darum bitten wir durch Christus, unsern Herrn. – Amen.

– Stille –

Musik: Orgel oder andere Instrumentalmusik

– Stille –

Evangelium: Mk 2,13–17
Jesus ging wieder hinaus an den See. Da kamen Scharen von Menschen zu ihm, und er lehrte sie. Als er weiterging, sah er Levi, den Sohn des Alphäus, am Zoll sitzen und sagte zu ihm: Folge mir nach! Da stand Levi auf und folgte ihm. Und als Jesus in seinem Haus beim Essen war, aßen viele Zöllner und Sünder zusammen mit ihm und seinen Jüngern; denn es folgten ihm schon viele. Als die Schriftgelehrten, die zur Partei

der Pharisäer gehörten, sahen, dass er mit Zöllnern und Sündern aß, sagten sie zu seinen Jüngern: Wie kann er zusammen mit Zöllnern und Sündern essen? Jesus hörte es und sagte zu ihnen: Nicht die Gesunden brauchen den Arzt, sondern die Kranken. Ich bin gekommen, um die Sünder zu rufen, nicht die Gerechten.

GEWISSENSERFORSCHUNG

1. *Wir brauchen keine Versöhnung!*

Hinführung
Es gibt heute die weit verbreitete Meinung, dass wir keine Fehler machen und darum keine Verzeihung nötig haben, nicht versöhnt zu werden brauchen, schon gar nicht mit Gott.
Das Bild „Das Mahl der Sünder" spricht eine andere Sprache. Es ist eine erbärmliche Gesellschaft. Sündig sind wir alle. Doch die Menschen auf dem Bild haben etwas erkannt. Es ist ihnen bewusst, dass sie Sünderinnen und Sünder sind. Sie machen sich nichts vor.
Deshalb verdienen sie Erbarmen: das Erbarmen dessen, der ihnen das Brot gibt.
Vielleicht erinnert Sie das eine oder andere Gesicht auf dem Bild an eine Ihnen bekannte Person?
Oder haben Sie am Ende sogar sich selbst in der Runde erkannt?

– Stille –

Musik: Orgel oder andere Instrumentalmusik

– Stille –

Hinführung
Schauen wir uns die Sünderinnen und Sünder etwas genauer an:
1. Beginnen wir mit dem *Schwarzen* rechts vorne. Blutverschmiert, verletzt und völlig hilflos. Opfer und Täter in einem.

Er ist uns vielleicht am meisten fremd.
Denn so brutal und direkt sind unsere eigenen Gewalttätigkeiten selten.
Wir verletzen subtiler. Mit Worten oder symbolischen Handlungen: Verachtung, Ignorieren, ein Giftpfeil, in ein freundliches Wort verpackt.

2. Die *Witwe* im roten Kleid.
Sie scheint ihr Leben gelebt zu haben.
Sie hat keine Illusionen mehr.
Ihr Leben ist sinnlos geworden. Eine große Leere macht sich in ihr breit.
Sie hofft auf nichts mehr, sie tut nichts mehr.
Sie vegetiert und sieht die Welt nur durch ihren schwarzen Schleier.
Ob Er ihr diesen Schleier vom Gesicht nehmen kann?
Damit sie die Welt wieder mit neuen Augen sieht und aus ihrer Traurigkeit und Untätigkeit herausgerissen wird!

– Stille –

Musik: Orgel oder andere Instrumentalmusik

– Stille –

Hinführung
1. Der Einzige am Tisch, der souverän wirkt, ist der *Intellektuelle.*
Sein Wissen ist so groß, dass es nichts gibt, an dem er nicht noch etwas zu kritisieren hätte.
Dieser Intellektuelle durchschaut die Parolen der Politik und verachtet deren Gefolgsleute.
Er misstraut jeder Religion, glaubt nur an sich selbst und an sein Wissen und hat den Glauben an die anderen schon lange verloren.
Er glaubt nicht, hofft nicht, liebt nicht.

2. Der *Clown* hat seine Rolle ausgespielt.
Auch er war einmal sicher und überlegen.
Dieser Clown konnte alles ins Lächerliche ziehen.
Er imitierte Menschen, die Probleme haben.
Alle Rollen hat er perfekt gespielt. Immer Maske!
Bloß nicht die Probleme an sich herankommen lassen!

Bloß nicht zeigen, wer ich wirklich bin!
Immer fröhlich, dynamisch, unternehmungslustig.
Doch jetzt ist das Spiel ausgespielt.
Zu sich selbst stehen und sich selbst annehmen,
sich selbst lieben mit seinen Licht- und Schattenseiten?

– Stille –

Musik: Orgel oder andere Instrumentalmusik

– Stille –

Hinführung
1. Wenn wir die *blinde alte Frau* sehen wollen,
müssen wir zweimal hinschauen.
Sie hat sich mit ihrer Isolation abgefunden.
Sie sieht nicht mehr und will auch nicht mehr gesehen werden.
Sie hat sich eingerichtet in der Meinung, es sei möglich, dass sie sich selbst genügt.
Es ist gut, dass der Mensch allein sei und mit anderen nichts zu tun habe.
Ob Er sie wieder sehend machen kann, sodass sie die anderen um sich herum wieder beachtet und auch von ihnen wieder wahrgenommen wird?

2. Aus den Augen der *Prostituierten* spricht noch immer der Lebenshunger.
Sie wollte intensiv leben.
Sie wollte alles und sie wollte es jetzt.
Sie hat gelebt, gelacht und in vollen Zügen genossen.
Jetzt ist ihr zum Heulen und das Lachen ist ihr vergangen.
Ob es Ihm gelingt, noch einmal das Feuer der Liebe, der wirklichen Liebe zu entfachen?

– Stille –

Musik: Orgel oder andere Instrumentalmusik

– Stille –

Hinführung

1. Der *Jude* mit dem Gebetsschal,
es könnte auch ein rechtschaffener Schweizer oder Österreicher oder Deutscher sein.
In ihm erkennen wir uns.
So wie Christen und Christinnen
immer gern ihre eigenen Fehler
bei den Juden entdeckt haben.
Dieser Jude hier war immer anständig,
er war immer korrekt.
Hat die Gesetze respektiert.
Er war ein Gerechter,
nicht so wie die anderen.
Und jetzt muss er mit ihnen am selben Tisch sitzen!
In seiner Korrektheit und Selbstgerechtigkeit ist er lieblos geworden.

2. So sitzen sie vor uns – sieben Sünder unserer Zeit:
Der Schwarze – gewalttätig
Die Witwe – pessimistisch
Der Intellektuelle – eingebildet
Der Clown – selbstgefällig
Die blinde alte Frau – lebensmüde
Die Prostituierte – gierig
Der Jude – selbstgerecht

– Stille –

Musik: Orgel oder andere Instrumentalmusik

– Stille –

Hinführung
Doch wer ist der Gastgeber?
Er sitzt im Licht, ja er ist selbst Licht,
das letztlich allein Hoffnung bringen kann.
Das Licht ist Jesus Christus,
der mit offenen Händen austeilt.
Er verzeiht die Sünden und schenkt Neubeginn.
Doch schauen wir genauer hin:
Könnten das nicht meine eigenen Hände sein,
die in dieses Bild hineingeraten sind?
Könnte nicht ich es sein,
der bzw. die aufgefordert wird,
für andere Licht und Hoffnung zu werden,
mich zu öffnen
und Starthilfe zu leisten?
Anderen neues Leben zu ermöglichen?
Vielleicht möchte sich Jesus
auch meiner Hände bedienen?

Liedruf: Beim Herrn ist Barmherzigkeit (GL 191,1)

Text: wussten sie schon
Siehe Seite 110f.

Schuldbekenntnis und Vergebungsbitte
Bekennen wir vor Gott und voreinander unsere Schuld:
Ich bekenne Gott, dem Allmächtigen ...

Ich lade Sie ein, beide Hände auszustrecken, um offen zu sein für Gottes Vergebung. Die offenen Hände sind wie eine Schale, wie eine empfangende Geste.
Nachlass, Vergebung und Verzeihung schenke uns der allmächtige und barmherzige Herr:
Der Vater, der Sohn und der Heilige Geist. – Amen.

Dankgebet

Gnädiger Gott,
als Sünderinnen und Sünder sind wir zu dieser Feier gekommen.
Als Begnadigte verlassen wir diese Kirche.
Wir danken dir, dass du uns durch deinen Sohn immer wieder aufs Neue Verzeihung schenken willst.
Er lebt mit dir – jetzt und in Ewigkeit. – Amen.

Lied: Nun singt ein neues Lied (GL 262)

– Stille –

Musik: Orgel oder andere Instrumentalmusik

– Stille –

Zeichen setzen

Als Zeichen der Umkehr möchte ich Sie dazu ermuntern, dass Sie auf Ihre innere Bereitschaft zur Umkehr auch Taten folgen lassen. Vielleicht kann einer der zwei folgenden Vorschläge für Sie eine Anregung sein:

- Gehen Sie zu einem Menschen, dem Sie in der letzten Zeit wehgetan oder den Sie gekränkt haben, und versöhnen Sie sich mit ihm.
- Gehen Sie zu sich selber und versöhnen Sie sich mit sich selbst. So tun Sie sich selbst etwas Gutes.

Segen

Dass sich Umkehr bei uns ereignet,
dazu segne uns der allmächtige Gott:
Der Vater, der Sohn und der Heilige Geist. – Amen.

Entlassung

Gehet hin und bringet Versöhnung und Frieden. – Dank sei Gott, dem Herrn.

Auszug: Orgel

Verstrickungen

Vorbereitung
Für die GottesdienstteilnehmerInnen: Ein Strick/ein Seil von ca. einem Meter Länge. (In jeder Seilerei gibt es Hanfseile – zum Teil auch guten Abfall!)
Kirchenraum: Die Themen der Folien sind bei jeder Einheit angegeben. Einfacher können die Bilder mit Notebook und Beamer gezeigt werden.

Einzug: Orgel

Liturgischer Gruß
Im Namen des Vaters und des Sohnes und des Heiligen Geistes. – Amen.
Der Herr sei mit euch. – Und mit deinem Geiste.

Begrüßung
Zur Bußfeier als Einstimmung auf das Fest der Auferstehung Christi möchte ich Sie alle herzlich begrüßen.
Wir versammeln uns heute Abend miteinander vor Gott. Wir bringen damit auch all das vor Gott, wo wir uns absondern, abschneiden und abtrennen – von ihm, Gott, der Quelle unseres Lebens, von unseren Mitmenschen und von uns selbst.
Öffnen wir unser Herz für Gottes Gegenwart, für seine Liebe und das Leben aus ihm, denn wir dürfen gewiss sein: Sein Ja zu uns gilt uns immer neu.

Lied: Hilf, Herr meines Lebens, 1–5 (GL 622)

Gebet
Dir, Gott, wenden wir uns zu.
Wir kommen zu dir und bitten dich in unser Leben. Gib uns das rechte Gespür für das, was uns bindet. Lass uns entdecken, wo wir der Erlösung

bedürfen. Lass uns die Freiheit und Befreiung finden, die uns und die Menschen mit uns aufatmen lässt, durch die das Lied der Hoffnung und der Freude wieder neu erklingen kann.
Darum bitten wir durch deinen Sohn, der mit dir und dem Heiligen Geist lebt, jetzt und in Ewigkeit. – Amen.

– Stille –

Musik: Orgel oder andere Instrumentalmusik

– Stille –

GEWISSENSERFORSCHUNG

Einführung ins Thema
Beim Betreten der Kirche haben Sie einen Strick in die Hand bekommen. Sie können diesen jetzt bewusst in der Hand halten. Die Stricke und die entsprechenden Bilder und Texte wollen uns behilflich sein, die eigenen Verstrickungen und unser Gefangensein aufzufinden. In der Besinnung soll sich ein Raum auftun können für Lösung und Erlösung in unserem Leben.
Nehmen Sie bei den folgenden Worten wahr, was Sie anspricht:

1. *Gesicht*

Folie 1 mit einem Gesicht wird eingeblendet und allmählich schärfer gestellt, bis es in seinen Konturen klar ist.

Hinführung
Wir wenden uns dem Gesicht zu; dieses soll wieder frei werden. Wir wenden uns voll Liebe und Aufmerksamkeit unserem Leben zu. Wir wenden uns unseren Verstrickungen und unserem Gebundensein in vielfältiger Form zu. Gewinnen soll der Mensch – seine Augen, sein Mund, seine Hände, seine Füße, sein Herz und sein Angesicht.

2. Augen

Dabei merken wir – eine erste Entdeckung: Wir sind oft blind.

Folie 1: Die Augen werden verdeckt.

Fragen

SprecherIn 1:
Oft kann ich nicht sehen oder ich will nicht sehen. Mit vielen Dingen sind unsere Augen zugedeckt: mit Sorgen, mit wichtigen oder scheinbar wichtigen Dingen, mit Angst.

- Was geschieht, wenn ich genau hinschaue? Was muss ich vielleicht entdecken?
- Müsste ich eine Entscheidung treffen?
- Müsste ich etwas verändern?

SprecherIn 2:

- Schaue ich hin, was meine Kinder tun?
- Nehme ich wahr, was andere bewegt?
- Bleibe ich mit meinen Augen nur an der Oberfläche?
- Bin ich schnell im Urteilen?

SprecherIn 1:

- Schaue ich hin auf die Schönheit der Schöpfung?
- Nehme ich wahr, wo ich und andere der Schöpfung Wunden schlagen?

SprecherIn 2:

- Nehme ich andere Menschen nur wegen ihrer besonderen Eigenschaften und in Teilen wahr, in ihrem Nutzen für mich?
- Kann ich noch sehen, was mir gegeben ist, oder bin ich auf Vorteile anderer fixiert?

SprecherIn 1:

- Was sehen meine Augen des Herzens?
- Wo sind sie gebunden, blind und stumpf?
- Wo bedürfen meine Augen der Befreiung?

– Stille –

Musik: Orgel oder andere Instrumentalmusik

– Stille –

3. Mund

Folie 2 Bild vom Mund
Das Bild wird eingeblendet, dann ausgeblendet und wieder eingeblendet.

Hinführung
Die Augen allein sind es nicht, die von Verstrickungen und Gebundensein betroffen sind.
So wenden wir uns unserem Mund zu:
Es gibt Dinge, die ihn stumm sein lassen, aber auch verletzend sind und die Gemeinschaft stören und zerstören.

(Ein Streifen wird über den Mund gelegt.)

Fragen
SprecherIn 1:
- Wo spüre ich, dass ein klärendes Wort nötig gewesen wäre? Eine Stellungnahme, ein klares Einstehen?
- Oder rede ich eher nach dem Mund?

SprecherIn 2:
- Rede ich eher viel?
- Bin ich in Gefahr, eine Wand aus Worten aufzubauen?
- Bin ich bereit, dem anderen – auch Gott – Gehör und Raum zu geben?

SprecherIn 1:
- Wo beginnen bei mir die Sticheleien?
- Gibt es Menschen, die ich mit Worten demütige?
- Bin ich schnell dabei, Schlechtes oder vielleicht sogar Verdrehtes weiterzusagen?

SprecherIn 2:
- Ist mein Ja ein Ja und mein Nein ein Nein? Ist auf mein Wort Verlass?
- Wo braucht mein Mund Befreiung?

4. Hand

Folie 3 Bild von einer Hand
Das Bild wird eingeblendet.

Hinführung
Reden allein ist zu wenig. Das Reden verlangt nach Tun.
So wenden wir uns der Hand zu:

(Ein Streifen wird über die Hand gelegt.)

Fragen
SprecherIn 1:
- Sind meine Hände gebunden, wenn es darum geht, zu helfen oder zu teilen?
- Für wen ist oder wäre meine Hand wichtig?

SprecherIn 2:
- Wo müsste ich mein Leben in die Hand nehmen?
- Wo müsste ich etwas in Angriff nehmen?

SprecherIn 1:
- Was brauche ich? Was will ich haben? Was muss ich haben?
- Wo kann ich mich zurückhalten – fast wie aus innerem Zwang?
- Wo ist meine Hand gebunden an Dinge, an Suchtmittel und Sucht?

SprecherIn 2:
- Wen kann ich nicht loslassen und frei geben?
- Kann ich da sein mit leeren Händen?
- Kann ich offen sein, empfangen, ein Kompliment annehmen?

SprecherIn 1:

- Kann ich vertrauen auf die Hand Gottes?
- Nehme ich mir Zeit zum Gebet?
- Wo bedürfen meine Hände der Befreiung?

– Stille –

Musik: Orgel oder andere Instrumentalmusik

– Stille –

5. Fuß

Folie 4 Bild von einem Fuß
Das Bild wird eingeblendet.

Hinführung
Von den Händen kommen wir zu den Füßen, die uns geschenkt sind. Sie haben die Last des Lebens zu tragen, sie lassen uns Wege beschreiten, die aber auch Lähmung, Stillstand bedeuten können.

(Verdecken der Füße)

So wenden wir uns den Füßen zu:

Fragen
SprecherIn 1:

- Wie gehe ich also?
- Bin ich ein Gehetzter?
- Bin ich ein Gebremster?
- Komme ich nicht von der Stelle?
- Oder laufe ich vor etwas davon?

SprecherIn 2:

- Wo bestimmt mich Trägheit?
- Wo werde oder bin ich lahm?

- Wo lähme ich andere?
- Für welchen Schritt möchte ich Mut erbitten?
- Wo bedürfen meine Füße der Befreiung?

– Stille –

Musik: Orgel oder andere Instrumentalmusik

– Stille –

Wort Gottes – hineingesprochen in unser Leben
In fünf Schritten, fünf Bereichen unseres Körpers, haben wir Verstrickungen und Gebundensein nachgespürt und dem, was da zum Leben kommen will. Mit unserem Suchen und unserer Sehnsucht, mit unseren Grenzen und unserer Hoffnung sind wir nicht allein gelassen.

Lied: Beim Herrn ist Barmherzigkeit (GL 191,1)

Schuldbekenntnis und Vergebungsbitte
Schwestern und Brüder! Mit dem Strick in unserer Hand haben wir Besinnung gehalten und unser Gewissen erforscht.
Wir bitten um Lösung und Erlösung von den Verstrickungen in das Böse, in die Sünde. Wir bitten um Befreiung, um neue Lebendigkeit und sich entfaltende Lebenskraft.
Alle Schuld und alles Versagen, das wir bei der Gewissenserforschung entdeckt haben, wollen wir nun vor Gott und voreinander bekennen:
Ich bekenne Gott, dem Allmächtigen ...

Nachlass, Vergebung und Verzeihung schenke uns der allmächtige und barmherzige Herr: Der Vater, der Sohn und der Heilige Geist. – Amen.

Lied: Nun danket all, 1–4 (GL 267)

– Stille –

Musik: Orgel oder andere Instrumentalmusik

– Stille –

Zeichen setzen

Ich möchte Sie dazu ermuntern, Ihrer inneren Bereitschaft zur Umkehr auch Taten folgen zu lassen. Sie haben beim Eingang einen Strick bekommen.

Sie können diesen Strick mit ihrem Nachbarn tauschen und dann mit nach Hause nehmen. Der Strick kann für Sie eine Anregung sein:

- Sie können diesen Strick jemandem bringen, mit dem Sie sich versöhnen möchten.
- Sie können diesen Strick daheim aufhängen als Erinnerung daran, dass Sie für sich selber etwas in Ordnung bringen wollen.

Gebet

Herr, unser Gott, du hast uns mit dir versöhnt durch Jesus Christus. In ihm machst du uns frei. Du schenkst uns den Geist, der uns in der Tiefe unseres Herzens zu lösen weiß. Dir sagen wir Dank für diese uns geschenkte Stunde durch Christus, unsern Herrn. – Amen.

Segen

In dem Wissen, dass wir uns aus verschiedenen Verstrickungen in das Böse und in die Sünde gelöst haben, bitten wir Gott um seinen Segen:

Herr, segne unsere Augen,
dass sie Bedürftigkeit wahrnehmen,
dass sie das Unscheinbare nicht übersehen,
dass sie hindurchschauen durch das Vordergründige,
dass andere Ansehen gewinnen können durch unseren Blick.

Herr, segne unseren Mund,
dass nichts von ihm ausgeht, was verletzt und zerstört,
dass er das Schweigen kennt und das Sprechen zur rechten Zeit,
dass er dich bezeugt und preist.

Herr, segne unsere Hände,
dass sie anpacken, wo es Not tut,

dass sie halten können, ohne zur Fessel zu werden,
dass sie dankbar empfangen können

und geben ohne Berechnung,
dass sie segnen können und trösten.

Herr, segne unsere Füße,
dass sie weiten Raum finden,
dass sie Wege zueinander gehen,
dass sie nicht erlahmen in Trägheit und Kraftlosigkeit,
dass sie den je nächsten Schritt zu gehen wissen.
So segne uns der dreieinige Gott:
Der Vater, der Sohn und der Heilige Geist. – Amen.

Entlassung
Gehet hin und bringet Versöhnung und Frieden. – Dank sei Gott, dem Herrn.

Auszug: Orgel

Balken im eigenen Auge, Splitter im Auge des Nächsten

Vorbereitung
Für die GottesdienstteilnehmerInnen: MinistrantInnen teilen an die Mitfeiernden ein kleines Stück Holz, einen Holzsplitter aus.

Einzug: Orgel

Liturgischer Gruß
Im Namen des Vaters und des Sohnes und des Heiligen Geistes. – Amen.
Der Herr sei mit euch. – Und mit deinem Geiste.

Begrüßung
Zur Bußfeier als Einstimmung auf das Fest der Auferstehung Christi möchte ich Sie alle herzlich begrüßen.
In dieser Bußfeier möchten wir darüber nachdenken, wo wir gegen unsere Mitmenschen Vorurteile haben und wie wir daneben unsere eigene Schuld und Sünde nicht wahrhaben wollen.

Lied: Hilf, Herr meines Lebens, 1–5 (GL 622)

Gebet
Gott, wir entdecken in unserem Leben, dass wir anderen Menschen mit Vorurteilen begegnen und immer in Versuchung sind, sie zu beurteilen.
Gott, wir möchten in dieser Feier auf unser Versagen schauen.
Wenn wir Menschen begegnen, möchten wir sie mit deinen Augen sehen.
Darum bitten wir durch deinen Sohn, der mit dir und dem Heiligen Geist lebt, jetzt und in Ewigkeit. – Amen.

– Stille –

Musik: Orgel oder andere Instrumentalmusik

– Stille –

Einführung ins Thema
Beim Betreten der Kirche haben Sie ein kleines Stück Holz, einen Holzsplitter in die Hand bekommen. Sie können den jetzt bewusst in der Hand halten. Das kleine Stück Holz und die Texte sollen uns behilflich sein, den Balken im eigenen Auge zu sehen. In der Besinnung soll sich ein Raum auftun können für Lösung und Erlösung in unserem Leben. Nehmen Sie bei den folgenden Worten wahr, was Sie anspricht:

Evangelium: Mt 7,1–5
Richtet nicht, damit ihr nicht gerichtet werdet! Denn wie ihr richtet, so werdet ihr gerichtet werden, und nach dem Maß, mit dem ihr messt und zuteilt, wird euch zugeteilt werden.
Warum siehst du den Splitter im Auge deines Bruders, aber den Balken in deinem Auge bemerkst du nicht? Wie kannst du zu deinem Bruder sagen: Lass mich den Splitter aus deinem Auge herausziehen! – und dabei steckt in deinem Auge ein Balken? Du Heuchler! Zieh zuerst den Balken aus deinem Auge, dann kannst du versuchen, den Splitter aus dem Auge deines Bruders herauszuziehen.

– Stille –

Musik: Orgel oder andere Instrumentalmusik

– Stille –

GEWISSENSERFORSCHUNG

Der moralische Zeigefinger
Die fünf Finger einer Hand gehören trotz ihrer Verschiedenheit zusammen und lassen sich aufeinander beziehen. Der „moralische" Zeigefin-

ger, den ich wie den Lauf einer Schusswaffe auf einen anderen richten kann, lässt gleichzeitig drei Finger auf mich selbst zurückverweisen.
Der Zeigefinger verweist auf den Splitter, den ich im Auge des anderen entdecke.
Die drei Finger, die auf mich gerichtet sind, versinnbildlichen den Balken im eigenen Auge.
Der zugleich nach oben weisende Daumen jedoch lässt uns wieder über uns selbst hinausschauen und weitet unseren Blick für eine noch größere Wirklichkeit: Wir brauchen weder nur anklagend nach außen zu reagieren, noch sind wir ständig auf uns selbst zurückgeworfen. Denn Gott selbst rechtfertigt uns in Tod und Auferstehung seines Sohnes Jesus Christus.

1. Warum kritisiere ich die anderen?

SprecherIn 1:
Es gibt Menschen, deren Unterhaltung besteht fast ausschließlich darin, andere Leute zu richten.
Wenn man diesen Leuten zuhört, dann gewinnt man den Eindruck, sie seien nur „gegen“ dies oder jenes, aber nie „für“ etwas eingestellt. Und trotzdem scheint es eine Befriedigung zu sein, meckern und nörgeln zu können.
Natürlich weiß man über andere Leute dies und das. Manchmal ist es tatsächlich so: Die Splitter im Auge des anderen erscheinen uns riesig; seine Fehler und Schwächen sind offensichtlich. Und in der Unterhaltung gibt man das gerne weiter.
Wenn ich über den anderen urteile, will ich den anderen verbessern. Dabei merken wir oft die eigenen Schwächen nicht, sehen nur die der anderen riesengroß.
Wenn wir die Sünden anderer bekennen sollten, dann wären unsere Beichtstühle voll, so vermute ich.

SprecherIn 2:
Andererseits weiß jeder von uns: Wer überall ein Haar in der Suppe findet wie den Splitter im Auge des anderen, wer ständig andere kritisiert, der ist sich selbst zuwider.

In der Unzufriedenheit über mich selber richte ich den Blick auf andere. Wenn ich andere Menschen kritisiere, lenke ich von mir selber ab. Wenn ich auf den Splitter im Auge des Bruders und der Schwester schaue, lenke ich vom Balken in den eigenen Augen ab.
Es gibt den Spruch: ein Brett vor dem Kopf haben. Das bedeutet: Ich mache bewusst die Augen vor etwas zu.
Ich kenne das Gefühl: Fotografien von mir werden gezeigt; ich erkenne mich darin in verschiedenen Stimmungslagen – auch wie ich auf andere wirke. Und dann kommt es mir über die Lippen: Da bin ich nicht gut getroffen! – Da hat man mich ungünstig erwischt!

– Stille –

Musik: Orgel oder andere Instrumentalmusik

– Stille –

2. Wie gut erkenne ich meine eigenen Fehler und Mängel?

SprecherIn 1:
Jesus sagt: „Zieh zuerst den Balken aus deinem Auge; dann kannst du versuchen, den Splitter aus dem Auge deines Bruders herauszuziehen." Die Fehler und Schwächen der anderen Menschen kennen wir alle zur Genüge, wir könnten sie alle aufzählen. Für unsere Schattenseiten und manches eigene Fehlverhalten sind wir blind. Wir haben einen besseren Blick für die Fehler anderer, während wir unsere eigenen nur unscharf erkennen.
Ein kleines Fehlverhalten bei unserem Nächsten ist unter Umständen nur das Miniaturbild eines größeren Fehlers bei mir selbst: Ich ärgere mich über den Fehler eines Bekannten oder Freundes oder Verwandten und habe im Grunde die gleichen Fehler – nur noch größer.

SprecherIn 2:
Die falsche Einstellung des anderen erkenne ich meist schneller als meine eigenen blinden Flecke, wenn mir keiner den Spiegel vorhält.
Und trotzdem müsste es möglich sein, dass wir Menschen ein Auge auf-

einander werfen können, ohne immer gleich den Splitter im Visier zu haben.
Den rechten Blick zueinander gewinnen würde bedeuten: Ich erkenne meine Fehlerhaftigkeit und die des anderen an, ohne gleich über alles und jedes ein Urteil zu fällen.
Anders gesagt: Selbsterkenntnis ist der erste Schritt zur Besserung – auch der des anderen.

– Stille –

Musik: Orgel oder andere Instrumentalmusik

– Stille –

3. Woher kommt mir Hilfe?

SprecherIn 1:
Ich kann niemanden zwingen, aus seiner Haut herauszugehen. Ich kann auch nicht einfordern, dass sich einer ändert.
Der Gegner – der Freund – die Freundin – der Partner – die Kinder – die Eltern – sind nicht dazu da, so zu werden, wie ich es will.

SprecherIn 2:
Aber ich kann dafür umso mehr meine Möglichkeiten ausprobieren, beharrlich und vorsichtig die Splitter und Balken aus dem eigenen Auge zu entfernen.
Ich werde merken, wie viel Geduld ich dazu brauche, um wieder einen klaren Blick zu bekommen.

– Stille –

Musik: Orgel oder andere Instrumentalmusik

– Stille –

Lied: Sag ja zu mir, 1–3 (GL 165)

Schuldbekenntnis und Vergebungsbitte

Schwestern und Brüder! Mit dem Holzsplitter in unserer Hand haben wir Besinnung gehalten und unser Gewissen erforscht.
Wir bitten um Lösung und Erlösung von den Verstrickungen in das Böse, in die Sünde. Wir bitten um Befreiung, Aufatmen, um neue Lebendigkeit und sich entfaltende Lebenskraft.
Alle Schuld und alles Versagen, das wir bei der Gewissenserforschung entdeckt haben, wollen wir nun vor Gott und voreinander bekennen:
Ich bekenne Gott, dem Allmächtigen ...

Nachlass, Vergebung und Verzeihung schenke uns der allmächtige und barmherzige Herr:
Der Vater, der Sohn und der Heilige Geist. – Amen.

Lied: Nun saget Dank und lobt den Herren (GL 269)

– Stille –

Musik: Orgel oder andere Instrumentalmusik

– Stille –

Zeichen setzen

Ich möchte Sie dazu ermuntern, auf Ihre innere Bereitschaft zur Umkehr auch Taten folgen zu lassen. Sie haben beim Eingang ein Stück Holz bekommen.
Sie können das Holz, diesen Holzsplitter mit ihrem Nachbarn tauschen und dann mit nach Hause nehmen:

- Sie können das Stück Holz jemandem bringen, mit dem Sie sich versöhnen möchten.
- Sie können das Stück Holz daheim aufbewahren als Erinnerung daran, dass Sie für sich selber etwas in Ordnung bringen wollen.

Segen

In dem Wissen, dass wir uns aus verschiedenen Verstrickungen in das Böse und in die Sünde gelöst haben, bitten wir Gott um seinen Segen:

Dass Gottes Kraft unser Herz
und unseren Geist berühre,
damit wir offene Augen
und ein geöffnetes Herz für andere haben.
Dass Gottes Liebe uns berühre,
damit wir anderen Glauben und Vertrauen schenken.
Dass Auferstehung in uns spürbar werde,
damit wir eine erlöste und befreite Welt aufbauen.
Dass Gott uns Geborgenheit und Zuwendung durch seine Berührung schenke.
So segne uns der allmächtige Gott:
Der Vater, der Sohn und der Heilige Geist. – Amen.

Auszug: Orgel

Wo Stacheldraht verletzt

Vorbereitung
Für die GottesdienstteilnehmerInnen: MinistrantInnen teilen an die Mitfeiernden ein kleines Stück Stacheldraht aus; ca. 20 cm, zu einem Kreis gebogen. (Dabei auf Verletzungsgefahr hinweisen!)

Einzug: Orgel

Liturgischer Gruß
Im Namen des Vaters und des Sohnes und des Heiligen Geistes. – Amen.
Der Herr sei mit euch. – Und mit deinem Geiste.

Begrüßung
Zur Bußfeier als Einstimmung auf das Fest der Auferstehung Christi möchte ich Sie alle herzlich begrüßen.
Wir versammeln uns heute Abend miteinander vor Gott. Ihm bringen wir unser Leben, unsere Arbeit und unser Tun, unser Denken und Fühlen, unsere Sehnsüchte und Hoffnungen, unsere Sorgen und Ängste.
Wir bringen damit auch all das vor Gott, wo wir uns absondern, abschneiden und abtrennen: von ihm, Gott, der Quelle unseres Lebens, von unseren Mitmenschen und von uns selbst.
Öffnen wir unser Herz für Gottes Gegenwart, für seine Liebe und das Leben aus ihm, denn wir dürfen gewiss sein: Sein Ja zu uns gilt uns immer neu.

Lied: Hilf, Herr meines Lebens, 1–5 (GL 622)

Gebet
Gott, du bist freundlich.
Vor dir breiten wir aus, was unser Zusammenleben so schwer macht.
Die großen Ansprüche an andere und an uns selbst,
die kleinen Rechnereien, die Angst, zu kurz zu kommen.
Wir möchten gern anders leben.
Darum bitten wir dich: Öffne uns die Räume des Denkens und Handelns. Mache uns offen für alle Fehler und gib uns neuen Schwung.
Darum bitten wir durch deinen Sohn, der mit dir und dem Heiligen Geist lebt, jetzt und in Ewigkeit. – Amen.

– Stille –

Musik: Orgel oder andere Instrumentalmusik

– Stille –

Einführung ins Thema
Beim Betreten der Kirche haben Sie ein kleines Stück Stacheldraht in die Hand bekommen. Sie können es jetzt bewusst in der Hand halten. In der Besinnung soll sich ein Raum auftun können für Lösung und Erlösung in unserem Leben.
Nehmen Sie bei den folgenden Worten wahr, was Sie anspricht:

Evangelium: Joh 8,1–11
Jesus und die Ehebrecherin (siehe S. 91)

– Stille –

Musik: Orgel oder andere Instrumentalmusik

– Stille –

GEWISSENSERFORSCHUNG

1. Der Stacheldraht markiert eine Grenze

SprecherIn 1:
Der Stacheldraht markiert eine Grenze zwischen hüben und drüben, hier und dort.
Der Stacheldraht setzt eine Barriere.
Die Barriere, die Grenze kann auch bedeuten, dass ich meine Mitmenschen nicht an mich heran lasse.
Durch die Barriere des Stacheldrahtes kann ich mich abkapseln. Ich lasse niemand teilhaben an meinen Gütern, an meinem Wohlstand. Ich will alles für mich behalten.
Ich kann auch eine Barriere zwischen mir und Gott errichten.

Fragen
SprecherIn 2:
- Respektiere ich die Grenzen, die der andere setzt?
- Achte ich die Privatsphäre meiner Bekannten und Nachbarn?
- Anerkenne ich die Privatsphäre der anderen auch im Gespräch, indem ich nicht alles und jedes weitererzähle?
- Lasse ich meine Mitmenschen Anteil nehmen an meinem Leben?
- Wie lasse ich andere Menschen teilhaben an meinem Wohlstand?
- Wie lasse ich Gott in mein Leben herein?

– Stille –

Musik: Orgel oder andere Instrumentalmusik

– Stille –

2. Der Stacheldraht verletzt

SprecherIn 1:
Es ist nichts Schönes an diesem Stacheldraht. Wenn ich ihn anschaue, habe ich das Gefühl, jemand zu verletzen.
Wenn wir den Stacheldraht auf den Kopf drücken: Das spüren wir sofort und es tut weh.
So kann ich mir selber auf verschiedene Weise wehtun und mich verletzen.
Es braucht nicht viel, um andere zu verletzen.
Meine Worte können verletzlich sein wie ein Stacheldraht.
Der Stachel, den ich meinen Mitmenschen ins Fleisch setze, kann tief sitzen.
Ein rostiger Stacheldraht ist gefährlich. Er kann mein Blut vergiften. Er kann das Blut anderer vergiften.

Fragen
SprecherIn 2:
- Gibt es Aktionen, durch die ich mich selber verletze?
- Schaue ich zu wenig auf meine Gesundheit?
- Gibt es Aktionen, durch die ich meine Mitmenschen verletze?
- Wie tief treibe ich den anderen den Stachel ins Fleisch?
- Wie kantig und kratzbürstig bin ich im Umgang mit anderen?
- Wie verletzlich bin ich durch Sticheln, durch Nörgeln?
- Wie verletzlich bin ich, wenn ich meine schlechte Laune, meinen Missmut vor mir herschiebe?
- Wie vergifte ich die Atmosphäre durch Erzählen von Fehlern anderer, durch meine schlechte Laune, durch schlechte oder unsaubere Arbeit am Arbeitsplatz?

– Stille –

Musik: Orgel oder andere Instrumentalmusik

– Stille –

3. Der Stacheldraht ist hässlich

SprecherIn 1:
Der Stacheldraht ist hässlich, er widert uns an.
Der Stacheldraht hier vorne ist rostig.
Es ist nichts Schönes und Wohltuendes an ihm.
Jeder andere Draht erfüllt seinen Zweck, aber der Stacheldraht widert uns an.
Der Stacheldraht macht jede Gegend kaputt.
Der Stacheldraht wird zwischen den Völkern gezogen: zum Beispiel zwischen den Israelis und Palästinensern.
Der Stacheldraht trennt Kriegsparteien.
Der Stacheldraht war eine grausame Barriere in den Konzentrationslagern. Wer darüberging, musste es mit dem Tod bezahlen.
In Gefängnissen werden Menschen mit dem Stacheldraht gefangen gehalten.

Fragen
SprecherIn 2:
- Wo setze ich eine unnötige, hässliche Grenze?
- Wo grenze ich in rassistischer Tendenz aus?
- Wo möchte ich mich bewusst abgrenzen zu Menschen, die aus der Gesellschaft herausgefallen sind: zu Berbern, zu Alkoholikern ...?
- Wo bin ich schnell im Urteil und verurteile gleich ganze Gruppen?

– Stille –

Musik: Orgel oder andere Instrumentalmusik

– Stille –

Schuldbekenntnis und Vergebungsbitte

Liedruf: Beim Herrn ist Barmherzigkeit (GL 191/1)

Schwestern und Brüder! Mit dem Stacheldraht in unserer Hand haben wir Besinnung gehalten und unser Gewissen erforscht.
Wir bitten um Lösung und Erlösung von den Verstrickungen in das Böse, in die Sünde. Wir bitten um Befreiung, Aufatmen, um neue Lebendigkeit und sich entfaltende Lebenskraft.
Alle Schuld und alles Versagen, das wir bei der Gewissenserforschung entdeckt haben, wollen wir nun vor Gott und voreinander bekennen:
Ich bekenne Gott, dem Allmächtigen ...

Nachlass, Vergebung und Verzeihung schenke uns der allmächtige und barmherzige Herr:
Der Vater, der Sohn und der Heilige Geist. – Amen.

Lied: Nun danket all, 1–4 (GL 267)

– Stille –

Musik: Orgel oder andere Instrumentalmusik

– Stille –

Zeichen setzen

Ich möchte Sie dazu ermuntern, auf Ihre innere Bereitschaft zur Umkehr auch Taten folgen zu lassen. Sie haben am Eingang ein Stück Stacheldraht bekommen.

- Sie können das Stück Stacheldraht mit ihrem Nachbarn tauschen und dann mit nach Hause nehmen.
- Sie können das Stück Stacheldraht jemandem bringen, mit dem Sie sich versöhnen möchten.
- Sie können das Stück Stacheldraht daheim aufbewahren als Erinnerung daran, dass Sie für sich selber etwas in Ordnung bringen wollen.

Gebet

Herr, unser Gott, du hast uns mit dir versöhnt durch Jesus Christus. In ihm machst du uns frei. Du schenkst uns den Geist, der uns in der

Tiefe unseres Herzens zu lösen weiß. Dir sagen wir Dank für diese uns geschenkte Stunde durch Christus, unsern Herrn. – Amen.

Segen
In dem Wissen, dass wir uns aus verschiedenen Verstrickungen in das Böse und in die Sünde gelöst haben, empfangen wir Gottes Segen:

Gott segne dich und behüte dich,
deinen Leib und deine Seele.
Gott lasse sein Angesicht leuchten über dir
und sei dir gnädig.
In Liebe und Güte kannst du leben.
Gott erhebe sein Angesicht über dich
und gebe dir Frieden.
Gott wird dich nicht aus seiner Hand gleiten lassen,
Tag und Nacht,
von einer Ewigkeit zur anderen.
So segne uns der allmächtige Gott:
Der Vater, der Sohn und der Heilige Geist. – Amen.

Entlassung
Gehet hin und bringet Versöhnung und Frieden. – Dank sei Gott, dem Herrn.

Auszug: Orgel

Die kleinen Worte

Vorbereitung

Für die GottesdienstteilnehmerInnen: MinistrantInnen teilen an alle Mitfeiernden kleine Pelzchen aus.

Eröffnung

Im Namen des Vaters und des Sohnes und des Heiligen Geistes. – Amen.
Der Herr sei mit euch. – Und mit deinem Geiste.

Begrüßung

Ich heiße Sie herzlich willkommen zur Bußfeier in dieser Fastenzeit. Ich lade Sie ein, einige Bereiche Ihres Lebens zu durchleuchten. Wir möchten Ihnen dazu Anregungen geben.

Lied: Wer leben will (GL 183)

Hinführung

Täglich neu anfangen unter so vielen Hoffnungslosen.
Täglich lachen können unter so vielen Traurigen.
Täglich ein Herz haben unter so vielen Unbarmherzigen.

Du hast niemandem etwas angetan? Auch nicht das Gute?
Du hast niemanden umgebracht? Auch nicht seinen guten Ruf?
Du hast niemanden betrogen? Auch nicht um seine Hoffnung,
in dir die Nähe Gottes zu erfahren? So lasst uns beten:

Gebet

Guter Gott! Mitten aus der Hektik der Verpflichtungen haben wir uns vor dir eingefunden. Wir spüren, dass uns die Mitte fehlt, dass unser Alltag verödet; dass unser Lachen seltener erklingt. Wir bitten um deinen Heiligen Geist: Er wärme in uns, was kalt und hart geworden ist, und gieße neues Leben in unsere erstarrte Seele. Darum bitten wir durch Christus, unsern Herrn. – Amen.

Geschichte: Die kleinen Leute von Swabeedo

Sie haben sich am Eingang der Kirche gefragt, was es mit diesen kleinen Pelzchen auf sich hat. Wir hören eine Geschichte, die alles erklärt:

Vor langer Zeit lebten in dem Ort Swabeedo kleine Leute. Sie waren sehr glücklich und liefen den ganzen Tag mit einem freudig-fröhlichen Lächeln umher. Wenn sie sich begrüßten, überreichten sie sich gegenseitig kleine, warme, weiche Pelzchen, von denen jeder immer genug hatte, weil er sie verschenkte und sofort wieder welche geschenkt bekam. Ein warmes Pelzchen zu verschenken, bedeutete für sie: Ich mag dich. So sagten sie sich, dass jeder jeden mochte. Und das machte sie den ganzen Tag froh. Außerhalb des Dorfes lebte ein Kobold – ganz einsam in einer Höhle. Wenn ein Swabeedoler ihm ein Pelzchen schenken wollte, lehnte er es ab. Denn er fand es dumm, sich Pelzchen zu schenken. Eines Abends traf der Kobold einen Swabeedoler im Dorf, der ihn sofort ansprach: „War heute nicht ein schöner, sonniger Tag?“ Und er reichte ihm ein besonders weiches Pelzchen. Der Kobold schaute ihm in den Rucksack mit den Pelzchen. Dann legte er ihm den Arm vertraulich um die Schulter und flüsterte ihm zu: „Nimm dich in Acht. Du hast nur noch 207 Pelzchen. Wenn du weiterhin so großzügig die Pelzchen verschenkst, hast du bald keine mehr.“ – Das war natürlich vollkommen falsch gerechnet; denn jeder Swabeedoler hatte, da jeder jedem welche schenkte, immer genug Pelzchen.
Kaum hatte der Kobold den verdutzten kleinen Mann stehen lassen, kam schon sein Freund vorbei und schenkte ihm ein Pelzchen. Doch der Beschenkte reagierte nicht wie bisher. Er packte das Pelzchen ein und sagte zu seinem Kollegen: „Lieber Freund, ich will dir einen Rat geben. Verschenke deine Pelzchen nicht so großzügig, sie könnten dir ausgehen.“ Bald gaben sich immer öfter Swabeedoler diesen Rat. So kam es, dass Pelzchen nur noch an allerbeste Freunde verschenkt wurden. Jeder hütete seinen Pelzchenrucksack wie einen Schatz. Er wurde zu Hause eingeschlossen, und wer so leichtsinnig war, damit über die Straße zu gehen, musste damit rechnen, überfallen und beraubt zu werden. Die kleinen

Leute von Swabeedo veränderten sich immer mehr. Sie lächelten nicht mehr und begrüßten sich kaum noch. Keine Freude kam mehr in ihr trauriges und misstrauisches Herz.
Erst nach langer Zeit begannen einige kleine Leute wieder wie früher kleine, warme, weiche Pelzchen zu schenken. Sie merkten bald, dass ihnen die Pelzchen nicht ausgingen und dass sich Beschenkte und Schenkende darüber freuten. In ihren Herzen wurde es wieder warm, und sie konnten wieder lächeln, auch wenn die Traurigkeit und das Misstrauen nie mehr ganz aus ihren Herzen verschwanden.

Märchen aus Irland

GEWISSENSERFORSCHUNG

Weiterführung
Wir ahnen, was die kleinen Pelzchen in dieser Geschichte aussagen können. Wir möchten in dieser Bußfeier noch mehr darüber nachdenken. An Hand von drei Bereichen möchten wir unser Gewissen erforschen: Die kleinen Worte – Loben – Lachen.

1. Die kleinen Worte

Die kleinen Worte
Herz, Hirn und Zunge kamen überein, keine kleinen Worte mehr zu machen. – Und die Welt wurde trostlos und kalt.

Fragen
- Wie oft sage ich noch von Herzen „danke“?
- Wann habe ich zuletzt gesagt: „Das hast du gut gemacht!“ „Ich liebe dich!“ „Ohne dich wäre mein Leben sehr leer!“?
- Eine Familiengemeinschaft oder eine Ehe zerbricht meistens nicht an großen Problemen, sondern an kleinen Alltäglichkeiten. Es tritt Routine auf, Mangel an Einfühlungsvermögen und erfinderischer Gemeinsamkeit. Routine hat mit Bequemlichkeit zu tun. Und Bequemlichkeit führt leicht zu Gleichgültigkeit.

Sprechen wir noch wirklich miteinander? Kann ich zuhören? Mache ich mir die Mühe, auch über die kleinen Freuden und Sorgen des Alltags, über Schuld und Versagen mit dem Partner oder den Kindern zu sprechen?

Lesung: Kol 3,12–15
Ihr seid von Gott geliebt, seid seine auserwählten Heiligen. Darum bekleidet euch mit aufrichtigem Erbarmen, mit Güte, Demut, Milde, Geduld! Ertragt euch gegenseitig, und vergebt einander, wenn einer dem andern etwas vorzuwerfen hat. Wie der Herr euch vergeben hat, so vergebt auch ihr! Vor allem aber liebt einander, denn die Liebe ist das Band, das alles zusammenhält und vollkommen macht. In eurem Herzen herrsche der Friede Christi; dazu seid ihr berufen als Glieder des einen Leibes. Seid dankbar!

SprecherIn 1:
Für mich ist vieles selbstverständlich geworden: die saubere und gepflegte Wohnung, das Taschengeld, das mir meine Eltern geben. Wofür soll ich danken? Dazu sind sie ja da.

SprecherIn 2:
Weil mir der ruhende Pol fehlt, kritisiere ich ständig – und verursache eine unfrohe oder mürrische Atmosphäre – bei Untergebenen, Kollegen, Mitschülern, in der Familie. Ich bin so ungeduldig geworden – und stecke andere damit an. Ich stelle bloß, verdächtige und beschäme – und verliere so nur Vertrauen.
Auch für mich ist vieles selbstverständlich: die Fürsorge und das Pflichtbewusstsein meines Partners, meine Gesundheit und die meiner Familie. Ich vergesse oft, Gott zu danken.

SprecherIn 1:
Für mich ist vieles selbstverständlich: der Lehrer, der sich in der Schule abmüht und mir etwas beibringen will. Er wird ja dafür bezahlt. Die Verkäuferin im Laden, die Kassiererin im Supermarkt. Was bringt es, wenn ich ihnen „danke“ sage? Sie werden dafür bezahlt.

SprecherIn 2:
Manchmal kann ich zu mir selbst nicht ja sagen. Darum fällt es mir schwer, andere zu bejahen. Weil ich mich selbst nicht mehr leiden kann, verleide ich auch anderen das Leben.

– Stille –

Liedruf: Beim Herrn ist Barmherzigkeit (GL 191/1)

2. Loben

Das kleine Lob

Das kleine Lob wandert durch die Welt und erfährt, dass „loben" selten geworden ist. Und es kommt zu dem Schluss: Nur, wer sich Zeit nimmt, Atem zu holen, wer wieder richtig sehen lernt, wer die richtigen Maßstäbe setzt, der kann wieder loben und danken, der findet auch zur Freude zurück.

Fragen

- Lobe ich noch – meinen Partner/meine Partnerin, meine Kinder, meine Eltern? Sehe ich noch all die scheinbaren Selbstverständlichkeiten des Lebens?
- Lobe ich die Menschen, die mir im Alltag dienen, die mir untergeben oder anvertraut sind?

Lesung: Eph 4,29–32
Über eure Lippen komme kein böses Wort, sondern nur ein gutes, das den, der es braucht, stärkt, und dem, der es hört, Nutzen bringt. Beleidigt nicht den Heiligen Geist Gottes, dessen Siegel ihr tragt für den Tag der Erlösung. Jede Art von Bitterkeit, Wut, Zorn, Geschrei und Lästerung und alles Böse verbannt aus eurer Mitte! Seid gütig zueinander, seid barmherzig, vergebt einander, weil auch Gott euch durch Christus vergeben hat.

SprecherIn 1:
Für mich ist vieles selbstverständlich geworden: das gute Essen, das die Mutter jeden Tag auf den Tisch stellt. Wofür soll ich sie loben? Das ist ja ihr Job.

SprecherIn 2:
Mein Kind hat eine gute Note nach Hause gebracht. Wofür soll ich es loben? Es ist ja dazu da, dass es lernt. Ich vergesse, dass ein lobendes Wort dem Kind wohl tun und es aufmuntern würde.

SprecherIn 1:
Mitschüler haben im Sport eine gute Leistung erbracht – ich nicht. Wofür soll ich sie loben und damit zugeben, dass sie besser sind als ich?
In meiner Klasse gibt es Schüler, die eine gute Schularbeit geschrieben haben, andere haben die mündliche Prüfung ausgezeichnet gemacht. Wenn ich sie lobe, gebe ich zu, dass sie besser sind als ich.

SprecherIn 2:
Meine Mitarbeiter, unsere Auszubildenden, unsere Hilfskräfte im Betrieb strengen sich an. Das ist ihre Aufgabe. Sie werden ja bezahlt. Wofür soll ich sie loben? Auf der anderen Seite weiß ich, dass ihnen ein Lob gut tut und sie bestärkt.

SprecherIn 1:
Philipp in unserer Klasse hat neue Jeans, die ihm gut stehen. Daniela hat einen flotten Pulli. Ein Kompliment von meiner Seite würde sie freuen. Aber das geht so schwer über meine Lippen.

SprecherIn 2:
Ich bringe es oft nicht fertig, andere zu ermutigen, sie anzunehmen, wie sie sind, sie zu loben. Ich habe oft wenig Fingerspitzengefühl, das weiß, wo ich hart sein muss oder mild sein darf; wo ich helfen muss oder warten darf; wo ich zuhören, wo ich loslassen muss.

– Stille –

Liedruf: Beim Herrn ist Barmherzigkeit (GL 191/1)

3. Lachen

Lachen

Einem kleinen Lächeln mit einem Augenzwinkern und zwei Lachfältchen gelingt es, einer traurigen, alten Frau wieder neuen Mut zu geben, und sie – schenkt das Lächeln weiter.

Fragen

- Kann ich noch lachen? Und weinen?
- Hat sich meine Gefühlswelt eingeebnet? Warum?
- Wem habe ich in letzter Zeit Mut gemacht?

Evangelium: Joh 15,9–13
Wie mich der Vater geliebt hat, so habe auch ich euch geliebt. Bleibt in meiner Liebe! Wenn ihr meine Gebote haltet, werdet ihr in meiner Liebe bleiben, so wie ich die Gebote meines Vaters gehalten habe und in seiner Liebe bleibe. Dies habe ich euch gesagt, damit meine Freude in euch ist und damit eure Freude vollkommen wird. Das ist mein Gebot: Liebt einander, so wie ich euch geliebt habe. Es gibt keine größere Liebe, als wenn einer sein Leben für seine Freunde hingibt.

SprecherIn 1:
Wenn wir jungen Leute einmal ganz herzhaft über einen dummen Witz lachen, wenn wir über etwas kichern, wenn wir ganz einfach blödeln, dann wird uns gesagt: Euch wird das Lachen schon noch vergehen. Dürfen wir nicht übermütig und fröhlich in den Tag hineingehen? Ist es schlimm, wenn wir ausgelassen und heiter und manchmal auch laut sind?

SprecherIn 2:
Manchmal frage ich mich: Wovon lebt unsere Familie noch? Sind wir nicht zur Ess- und Schlafstelle geworden? Ist uns bewusst, dass es mehr und Wichtigeres gibt als die Schule, die Arbeit und das Geld? Wir können uns fast alles leisten, aber es fehlen immer mehr: die Liebe und das Lachen.

SprecherIn 1:
Wir sind himmelhoch jauchzend und zu Tode betrübt. Das gehört zu unserer Entwicklung. Wir möchten diese Gefühle auch zeigen und ernst genommen werden, wenn wir traurig und nach fünf Minuten wieder heiter und manchmal auch ausgelassen sind.

SprecherIn 2:
Wenn ich in den Spiegel schaue, sehe ich mein Gesicht, das verschlossen und verbissener geworden ist. Kommt ein kaltes Gesicht nicht aus einem kalten Herzen? Ist meine Seele krank geworden, weil mein Lächeln seltener geworden ist? Steckt meine Fröhlichkeit noch andere an?

– Stille –

Schuldbekenntnis und Vergebungsbitte

Liedruf: Beim Herrn ist Barmherzigkeit (GL 191,1)

Ich bekenne Gott, dem Allmächtigen ...

Wer in dieser Bußfeier ehrlich seine Schuld eingesehen und bekannt hat, dem schenkt Gott sein Erbarmen. Er befreie uns von aller Schuld und gebe uns die Kraft, auch unseren Nächsten zu vergeben und so Gottes Güte zu verkünden.
Nachlass, Vergebung und Verzeihung unserer Sünden schenke uns der allmächtige und barmherzige Gott: Der Vater, der Sohn und der Heilige Geist. – Amen.

Lied: Nun danket alle Gott (GL 266)

Zeichen setzen
Zum Zeichen Ihrer Bereitschaft zur Umkehr könnten Sie jetzt mit Ihrem Nachbarn das Pelzchen tauschen als Ausdruck dafür, dass Sie das Beste anderen geben möchten.
Nehmen Sie das Pelzchen mit nach Hause.

- Es kann Sie daran erinnern, dass Sie in diesen Tagen vor Ostern an einem Mitmenschen noch etwas gutzumachen haben.
- Es kann auch eine Erinnerung bei Begegnungen mit anderen sein, die „kleinen Worte“ zu finden.

Segen

Gott, segne die Erde, auf der wir jetzt stehen.
Gott, segne den Weg, den wir jetzt gehen.
Gott, segne das Ziel, für das wir jetzt leben.
Segne uns, auch wenn wir rasten.
Segne uns das, was unser Wille sucht.
Segne uns das, was unsere Liebe braucht.
Segne uns das, worauf unsere Hoffnung ruht.
Gott, segne unseren Blick,
auf dass wir, von dir gesegnet,
einander zum Segen werden können.
So segne uns der allmächtige Gott:
Der Vater, der Sohn und der Heilige Geist. – Amen.

Nach irischen Segenswünschen

Entlassung

Gehet hin und bringet Versöhnung und Frieden. – Dank sei Gott, dem Herrn.

Auszug: Orgel

Der Scherbenhaufen

Vorbereitung
Für die GottesdienstteilnehmerInnen: MinistrantInnen teilen an die Mitfeiernden Tonscherben aus. (Vorsicht wegen Verletzungsgefahr!)
Kirchenraum: Bilder: zerbrochene Vase, Scherbenhaufen, Bierflasche, an der der Hals abgebrochen ist, zerbrochener Krug, Tonkrug mit Blumen, gekitteter Krug, gekittete Marienfigur.

Bild: Zerbrochene Vase

Eröffnung
Im Namen des Vaters und des Sohnes und des Heiligen Geistes. – Amen.
Der Herr sei mit euch. – Und mit deinem Geiste.

Begrüßung und Einführung
Ich heiße Sie herzlich willkommen zu unserer Bußfeier. Wir haben uns versammelt zur Gewissenserforschung, zu Gebet, Umkehr und zur Bitte um Vergebung unserer Schuld.
Uns allen wird die Vergebung Gottes zugesprochen. Jeder, der diese Vergebung gläubig annimmt, der seine Schuld erkennt, sie bereut und zu einem neuen Anfang bereit ist, der kann gewiss sein: Ich bin mit Gott versöhnt.
Sie haben beim Eingang eine Tonscherbe bekommen. Ein Tongefäß ist zerbrochen und es hat Scherben gegeben. Die Tonscherbe soll uns in dieser Bußfeier Gleichnis und Bild sein. Sie soll uns helfen bei der Erforschung unseres Gewissens.

Lied: Sag ja zu mir (GL 165)

Gebet
Damit uns Umkehr gelingt, bitten wir Gott:
Herr, du wartest auf uns, bis wir offen sind für dich. Wir warten auf dein

Wort, das uns aufschließt. Wir wissen: Ganz nah ist dein Wort, ganz nah deine Gnade. Begegne uns in dieser Stunde mit deinem Erbarmen. Lass nicht zu, dass wir taub sind für dich, sondern mach uns offen und empfänglich für Jesus Christus, deinen Sohn, der gekommen ist, um uns zu versöhnen – heute und täglich bis in Ewigkeit. Amen.

Evangelium: Lk 7,36–50
Jesus ging in das Haus eines Pharisäers, der ihn zum Essen eingeladen hatte, und legte sich zu Tisch. Als nun eine Sünderin, die in der Stadt lebte, erfuhr, dass er im Haus des Pharisäers bei Tisch war, kam sie mit einem Alabastergefäß voll wohlriechendem Öl und trat von hinten an ihn heran. Dabei weinte sie, und ihre Tränen fielen auf seine Füße. Sie trocknete seine Füße mit ihrem Haar, küsste sie und salbte sie mit dem Öl. Als der Pharisäer, der ihn eingeladen hatte, das sah, dachte er: Wenn er wirklich ein Prophet wäre, müsste er wissen, was das für eine Frau ist, von der er sich berühren lässt; er wüsste, dass sie eine Sünderin ist. Da wandte sich Jesus an ihn und sagte: Simon, ich möchte dir etwas sagen. Er erwiderte: Sprich, Meister! (Jesus sagte:) Ein Geldverleiher hatte zwei Schuldner; der eine war ihm fünfhundert Denare schuldig, der andere fünfzig. Als sie ihre Schulden nicht bezahlen konnten, erließ er sie beiden. Wer von ihnen wird ihn nun mehr lieben?
Simon antwortete: Ich nehme an, der, dem er mehr erlassen hat. Jesus sagte zu ihm: Du hast Recht. Dann wandte er sich der Frau zu und sagte zu Simon: Siehst du diese Frau? Als ich in dein Haus kam, hast du mir kein Wasser zum Waschen der Füße gegeben; sie aber hat ihre Tränen über meinen Füßen vergossen und sie mit ihrem Haar abgetrocknet. Du hast mir (zur Begrüßung) keinen Kuss gegeben; sie aber hat mir, seit ich hier bin, unaufhörlich die Füße geküsst. Du hast mir nicht das Haar mit Öl gesalbt; sie aber hat mir mit ihrem wohlriechenden Öl die Füße gesalbt. Deshalb sage ich dir: Ihr sind ihre vielen Sünden vergeben, weil sie (mir) so viel Liebe gezeigt hat. Wem aber nur wenig vergeben wird, der zeigt auch nur wenig Liebe. Dann sagte er zu ihr: Deine Sünden sind dir vergeben. Da dachten die anderen Gäste: Wer ist das, dass er sogar Sünden vergibt? Er aber sagte zu der Frau: Dein Glaube hat dir geholfen. Geh in Frieden!

GEWISSENSERFORSCHUNG

1. *Scherben in meinem Leben*

Bild: Scherbenhaufen

SprecherIn 1:
Jeder von uns hat seine Vorstellungen vom Leben. Jeder hat seine Wünsche und Pläne und Träume. Vieles davon geht nicht in Erfüllung.
Jeder knüpft Freundschaften, jeder baut in seinem Leben etwas auf. Manches davon geht in Brüche.

Fragen

SprecherIn 2:
- Was in unserem Leben ist in Scherben gegangen?
- Was liegt in Trümmern?
- Ging eine Freundschaft in Brüche mit einem Freund, einer Freundin?
- Habe ich Dinge gesagt, getan, die mir jetzt Leid tun, die ich besser nicht gesagt hätte? Sind meine Enttäuschungen so stark gewesen, ist mein Vertrauen so gebrochen worden?
- Liegt sogar die Ehe in Scherben?
- Bin ich von meinem Beruf enttäuscht, unbefriedigt?
- Bin ich von meinen Kindern enttäuscht? Sind sie ganz anders ausgefallen, als ich es mir vorgestellt habe?
- Wollte ich nur getreue Spiegelbilder meiner selbst?
- Habe ich vergessen, dass Kinder wie Pfeile sind, die ich vom Bogen abschieße und die ganz woanders stecken bleiben?
- Bilde ich mir vielleicht nur ein, die Scherben meiner Erziehung zu sehen?
- Liegt mein ganzes Leben wie in Trümmern? Bin ich vom Leben enttäuscht?

– Stille –

Musik: Orgel oder andere Instrumentalmusik

– Stille –

Bild: Bierflasche, an der der Hals abgebrochen ist

SprecherIn 1:
Scherben können verletzen, dem anderen Wunden reißen. Sie können den anderen unfähig machen zu widerstehen.
Wenn ich meine Aggressionen loswerden möchte, kann ich Dinge zerschlagen.

Fragen

SprecherIn 2:
- Wirke ich auf andere verletzend – wie eine Scherbe verletzt?
- Etwa mit spitzer Zunge, ironisch, sarkastisch, zerstörend, böse? Warum bin ich so?
- Weil ich selber enttäuscht bin und anderen die Schuld gebe?
- Weil ich meine Aggressionen an anderen loswerden möchte?

– Stille –

Musik: Orgel oder andere Instrumentalmusik

– Stille –

Liedruf: Beim Herrn ist Barmherzigkeit (GL 191,1)

2. Zerschlagen von Vorstellungen

Bild: Zerbrochener Krug

SprecherIn 1:
Jeder Mensch ist eine Persönlichkeit, jeder Mensch hat sein eigenes Leben, seine eigenen Ideen, seine eigenen Vorstellungen und Wünsche. Jeder Mensch, auch der, der nach außen hin hart erscheint, ist in seinem

Inneren verletzlich, zerbrechlich wie dieser Krug. Das beachte ich in meinen Aktionen und Reaktionen zu wenig.

Fragen

SprecherIn 2:

- Zerschlage ich, indem ich Recht haben will, indem ich aus jedem Gespräch, aus jeder Diskussion als Sieger hervorgehen will? Verliere ich zu oft meine Beherrschung, zertrümmere ich Gemeinschaften?
- Zerschlage ich die Ideen meines Partners/meiner Partnerin, die Vorstellungen meiner Kinder, den guten Willen des Chefs oder Lehrers oder meiner Eltern? Was habe ich für Menschen getan, die an etwas im Leben zerbrochen sind?
- Habe ich nur darüber diskutiert, nur beredet, wie schlecht es dem anderen geht, oder habe ich auch meine Finger gerührt und echt geholfen?

– Stille –

Musik: Orgel oder andere Instrumentalmusik

– Stille –

Bild: Tonkrug mit Blumen

SprecherIn 1:
Es gibt ein Sprichwort: Scherben bringen Glück. Sie bringen nur dann Glück, wenn etwas Neues aus den Scherben entsteht, wenn ich die Scherben nicht liegen lasse.
An die Stelle der Scherben muss etwas Neues, Besseres gestellt werden. Täglich werde ich mit dem Unheil aus aller Welt konfrontiert, täglich sehe ich bei anderen Tränen.
Scherben sind für mich Anstoß, etwas Neues zu beginnen. Trümmer meines Lebens sind Anstoß, Scherben wegzuräumen.

Fragen

SprecherIn 2:

- Habe ich Scherben liegen lassen und nur gejammert?
- Habe ich die Schuld für die Scherben meines Lebens bei anderen gesucht?
- Sind Tränen bei anderen ein Anstoß, dass ich zupacke?
- Jammere ich über die schlechte Welt, oder fange ich bei mir an und tue das Gute?

– Stille –

Musik: Orgel oder andere Instrumentalmusik

– Stille –

Liedruf: Beim Herrn ist Barmherzigkeit (GL 191)

Bild: Gekitteter Krug

SprecherIn 1:
Jesus kittete die Scherben. Das war ein wichtiges Ziel seines Lebens. Er machte aus gescheiterten Existenzen wieder Personen, die mit neuer Hoffnung anfangen, die an sich selbst Gutes entdecken, die mit neuem Selbstbewusstsein fortgehen: Zöllner, Aussätzige, Kranke, Maria Magdalena, die Ehebrecherin.
Auch ich möchte diesen Menschen einen neuen Anfang ermöglichen.

Fragen
SprecherIn 2:

- Wo kitte ich Scherben zusammen?
- Wo versuche ich, Zerschlagenes wieder neu zu machen?
- Wo versuche ich, zugefügte Wunden zu heilen? Wo habe ich Menschen, die ins Abseits geschoben wurden, Hoffnung gemacht, die Hand zur Hilfe gereicht?
- Wo helfe ich anderen Menschen, dass sie an sich etwas Gutes entdecken?

- Wo helfe ich anderen Menschen, dass für sie ein Neuanfang möglich wird?

– Stille –

Musik: Orgel oder andere Instrumentalmusik

– Stille –

Bild: Gekittete Marienfigur

SprecherIn 1:
Manche gewohnten Bilder von der Kirche sind zerbrochen. Manches ist verändert. Das bietet die Chance, dass Neues entstehen kann. Es ist gut, wenn ich mich mit dem Neuen in der Kirche, mit den neuen Strömungen auseinander setze.
Meine Bilder von der Kirche haben Risse. Über nichts kann man so gut schimpfen wie über die Kirche – über die Kirche am Ort, über die katholische Kirche in unserem Land oder weltweit, über die Kirchensteuer, über diejenigen, die in der Kirche etwas tun oder etwas zu sagen haben. Das sieht dann so aus wie bei dieser Madonna: Es gibt Risse und Sprünge.

Fragen

SprecherIn 2:
- Habe ich auch unkritisch mitgeschimpft? Bin ich diesem Trend ebenfalls gefolgt?
- Habe ich dadurch auch andere verletzt? Habe ich durch meine ungerechtfertigte Kritik den Eifer der anderen, die etwas tun, gebrochen?
- Bin ich aus Feigheit still geblieben? Wenn Gott gelästert wurde, was habe ich dann entgegengesetzt? Nur mein Schweigen?
- Wenn mein Glaube in Scherben liegt – was unternehme ich dann?
- Bin ich bereit, in unserer Gemeinde mitzuarbeiten?

– Stille –

Musik: Orgel oder andere Instrumentalmusik

– Stille –

Schuldbekenntnis und Vergebungsbitte

Herr, wir tragen unsere Schuld vor dich hin. Wir wollen es oft nicht wahrhaben, doch heute bekennen wir vor dir, dass wir an der trostlosen Lage unserer Umwelt mitschuldig sind. Wir haben Scherben gemacht, wir haben Menschen verletzt, manches ist bei uns in Brüche gegangen. Wir sind oberflächlich und lassen Sünde und Schuld in unser Leben. Wir haben nicht alle Möglichkeiten ausgeschöpft, um fremde Schuld zu verhindern.
Auch diese fremde Schuld tragen wir vor dich hin. Denn wir haben kein Recht, uns von der Schuld unserer Mitmenschen zu distanzieren. Bekennen wir nun gemeinsam unsere Schuld:
Ich bekenne Gott, dem Allmächtigen ...

Nachlass, Vergebung und Verzeihung schenke uns der allmächtige und barmherzige Herr:
Der Vater, der Sohn und der Heilige Geist. – Amen.

Zeichen setzen

Nehmen Sie die Scherbe mit nach Hause. Legen Sie sie irgendwo sichtbar hin.

- Sie kann eine Erinnerung sein, dass Sie sich mit jemandem versöhnen sollen, den Sie verletzt haben.
- Sie kann eine Erinnerung sein, dass Sie auf dem Trümmerhaufen, auf den Scherben irgendetwas neu beginnen, dass Sie Abschied nehmen von etwas Altem.

Gebet

Ich danke dir, Herr, für die Vergebung, die ich erfahren habe, und für den Mut zu einem neuen Beginn.
Ich danke auch für die Versöhnung mit der Kirche, der ich mit meiner Schuld Schaden zugefügt habe.
Ich will mir Mühe geben, nicht nur mit Worten dankbar zu sein.
Auch ich will vergeben, wenn andere mir schaden oder mir wehtun.
Ich weiß, Herr, es wird nicht alles ganz anders werden in meinem Le-

ben. Aber ich vertraue darauf, dass du mich nicht verwirfst und dass die Kirche mir immer wieder deinen Frieden schenkt, auch wenn nicht alles gelingt, was ich mir vornehme.
Ich danke dir, Herr, dass ich solches Vertrauen haben darf, weil du unsere Schuld getragen hast und weil dein Erbarmen fortlebt in deiner Kirche.

Lied: Nun lobet Gott (GL 265)

Segen
Der Herr sei mit euch! – Und mit deinem Geiste.
Der Herr segne uns und behüte uns,
der Herr lasse sein Antlitz über uns leuchten und sei uns gnädig,
der Herr wende uns sein Angesicht zu und schenke uns seinen Segen,
Gott, der Vater, der Sohn und der Heilige Geist. – Amen.

Entlassung
Gehet hin und bringet Frieden. – Dank sei Gott, dem Herrn.

Auszug: Orgel

Sich von der Mitte halten lassen

Vorbereitung
Für die GottesdienstteilnehmerInnen: Baumscheibe von etwa 1 cm Dicke und 8 cm Durchmesser.

Einzug: Orgel

Eröffnung
Im Namen des Vaters und des Sohnes und des Heiligen Geistes. – Amen.
Der Herr sei mit euch. – Und mit deinem Geiste.

Begrüßung
Ich heiße Sie alle herzlich willkommen zur Bußfeier in der Fastenzeit. Diese Bußfeier soll für jeden von uns eine Möglichkeit der Besinnung, der Gewissenserforschung und des In-sich-Gehens sein.

Lied: Kommt herbei, singt dem Herrn, 1–3 (GL 270)

Gebet
Herr, unser Gott, du rufst uns zur Umkehr. Darum stehen wir vor dir. Wir sollen Menschen sein, die miteinander gehen, füreinander einstehen, aber nicht gegeneinander denken und handeln. Wir sollen Menschen sein, die einander Segen und nicht Fluch sind. Herr, unser Gott, ein Dichter hat gesagt: „Ich lebe mein Leben in wachsenden Ringen, die sich über die Dinge ziehen. Ich werde den letzten vielleicht nicht vollbringen, aber versuchen will ich ihn" (R. M. Rilke).
Wir sind jetzt zusammengekommen, um über unsere „Lebensringe" und über unsere Mitte nachzudenken. Dein Geist sei jetzt mitten unter uns. Erleuchte uns und offenbare dich uns. Sende uns deinen Geist, damit wir unsere Fehler erkennen und Wege zur Umkehr finden. Darum bitten wir durch Christus, unsern Herrn. – Amen.

Evangelium: Joh 15,1–5
Ich bin der wahre Weinstock, und mein Vater ist der Winzer. Jede Rebe an mir, die keine Frucht bringt, schneidet er ab, und jede Rebe, die Frucht bringt, reinigt er, damit sie mehr Frucht bringt. Ihr seid schon rein durch das Wort, das ich zu euch gesagt habe. Bleibt in mir, dann bleibe ich in euch. Wie die Rebe aus sich keine Frucht bringen kann, sondern nur, wenn sie am Weinstock bleibt, so könnt auch ihr keine Frucht bringen, wenn ihr nicht in mir bleibt. Ich bin der Weinstock, ihr seid die Reben. Wer in mir bleibt und in wem ich bleibe, der bringt reiche Frucht; denn getrennt von mir könnt ihr nichts vollbringen.

GEWISSENSERFORSCHUNG

Einleitung
Sie haben an der Kirchentür eine Baumscheibe bekommen. Hören wir in dieser Stunde auf die Botschaft dieses Holzstückes, auf die Botschaft der Baumscheibe. Ich lade Sie ein, dass Sie diese während der Besinnung in der Hand halten.

1. Jahresringe erzählen

Vor uns liegt die Geschichte eines Baumes. Wie alt ist er geworden? – Das Ereignis eines jeden Jahres ist ablesbar: Es gab sehr feuchte Sommer, dann sind die Abstände zwischen den einzelnen Ringen größer. Es gab Konkurrenz von Nachbarbäumen, die Luft und Licht nahmen. Es gab Krankheiten ...
Die Entwicklung des Baumes, sein Wachsen und Reifen – bisher verborgen unter der Rinde – liegt offen da.
Auch in unserem Leben gibt es diese unsichtbaren Jahresringe, gibt es Jahr für Jahr ein Reifen und Verändern. Schauen wir zurück:

Fragen

- Hatte ich genug Platz, um mich zu entfalten?
- Oder stand ich im Schatten anderer?
- Wurde ich laufend zurechtgestutzt und beschnitten und in Formen gepresst? Wie bin ich mit den „trockenen" Jahren zurechtgekommen?
- Bin ich bei allem Überfluss auch innerlich gewachsen?
- Habe ich mein innerliches Wachsen meinem Partner in Gesprächen mitgeteilt, damit er mich kennt und nicht nur ein Bild von mir, das er sich irgendwann gemacht hat?
- Nehme ich meine Vergangenheit an, um die ich immer wieder Ringe lege, oder träume ich immer noch von einem ganz anderen Leben, das nicht der Wirklichkeit entspricht?
- Nehme ich mich an, so wie ich bin – mit all meinen Vor- und Nachteilen?
- Kann ich Ja zu mir sagen, weil Gott Ja zu mir sagt?

– Stille –

Musik: Orgel oder andere Instrumentalmusik

– Stille –

2. Die innersten Ringe

Der älteste, innere Teil der Baumscheibe hat sich abgehärtet. Er gab dem Baum das Rückgrat. Auf die ersten Jahre kam es an, weil sie später tragen sollen.

Fragen

- Kann ich mich besser verstehen, wenn ich mich an meine ersten Lebensjahre zurückerinnere?
- Kann ich mir die Atmosphäre im Elternhaus vorstellen?
- Habe ich schon einmal bewusst „danke" gesagt für alles, was mir geschenkt wurde?

Wenn diese ersten Jahre so wichtig sind, fragen wir uns:

- Nehme ich mir genügend Zeit für meine Kinder?
- Vermittle ich ihnen die wesentlichen Dinge des Lebens wie Vertrauen, Lieben, Verzeihen?
- Nehme ich sie auch mit auf dem Weg zu Gott, oder überlasse ich das anderen?

– Stille –

Musik: Orgel oder andere Instrumentalmusik

– Stille –

3. Zeichen der Hoffnung

Vielleicht hat es jeder schon gesehen: Ein Baum, der in Stücke gesägt ist, ist noch nicht tot: Er bringt frische grüne Triebe hervor. Ein Zeichen der Hoffnung, dass auch aus uns noch etwas wachsen kann, wenn wir uns manchmal wie zersägt oder zu Boden geworfen vorkommen. Gott kann uns auch in äußerster Schwachheit noch stark machen.

Fragen

- Wenn ich schwach bin, versuche ich, wieder Kraft zu bekommen? Oder schwäche ich mit meinen Aggressionen die anderen – meine Partnerin bzw. meinen Partner, meine Kinder, meine Freunde?
- Nehme ich nach Niederlagen, nach Beleidigungen, nach Phasen, in denen ich mich schlecht fühle, mein Leben wieder selbst in die Hand im Vertrauen auf Gott? Oder mache ich andere für mich und meine Situation verantwortlich?

– Stille –

Musik: Orgel oder andere Instrumentalmusik

– Stille –

4. Offen sein für neues Wachstum

Die inneren Ringe härten sich immer mehr und geben dem Baum das Rückgrat. Aber sie müssen trotzdem beweglich bleiben, um beim Sturm noch biegsam zu sein und nicht gleich abzuknicken.
Unter der Rinde liegt eine hauchdünne Schicht: Hier liegen die lebenden Zellen, die wieder einen neuen Jahresring bilden.

Fragen

- Habe ich genügend Rückgrat, oder traue ich mich nicht, meine Meinung in der Öffentlichkeit, bei meinen Freunden, in meiner Familie mit dem nötigen Nachdruck und mit der nötigen Überzeugung zu sagen?
- Bin ich auch beweglich für neue Anforderungen, die das Leben, die mein Beruf stellt? Bin ich beweglich für die Umwälzungen in Gesellschaft und Kirche? Oder muss alles so bleiben, wie es war?
- Bilde ich mich weiter, um auf heutige Fragen aus meinem Glauben heraus Antwort geben zu können?
- Sehe ich die Kirche als Hüterin eines starren Glaubens, der nur in der Sprache der Jahrhunderte verkündet werden darf?
- Arbeite ich mit an einer Kirche, die offen ist für die Probleme der Zeit?

– Stille –

Musik: Orgel oder andere Instrumentalmusik

– Stille –

5. Die Mitte selbst

Alle Ringe kreisen um die Mitte. Sie sind alle um diese Mitte gelegt, alle auf diese Mitte ausgerichtet.
Die Mitte ist mehr als ein geometrischer Punkt. Wenn die Mitte fehlt, ist keine Ordnung, keine Orientierung.

Alles dreht sich um die Mitte. Die Mitte ist der Punkt, der stehen bleibt, wenn alles sich dreht. Der Mittelpunkt gibt allen Dingen ihr Gleichgewicht.
Wenn der Mensch keine Mitte hat, kommt er ins Schleudern. Es kann nur eine Mitte geben, denn viele Mitten sind nicht möglich.
Im Kraftfeld der Mitte bekommen alle Menschen und alle Dinge ihre wahre Richtung. Wer diese Mitte hat, wird dadurch selber Mitte für die anderen.
Mitte für uns Menschen ist Gott. Aus ihm kommen wir und zu ihm gehen wir. Gott ist Ursprung, Sinn und Ziel des Menschen. Um ihn können wir unsere Jahresringe legen.

Fragen

- Um welche Mitte kreise ich?
- Gibt es Dinge und Werte in meinem Leben, um die ich kreise?
- Lebe ich im Bewusstsein meiner Mitte, die Gott ist, und schenke ich dieser Mitte auch die Zeit, die sie braucht, um Blüten sprießen zu lassen? Oder ist alles andere doch immer wichtiger als die Zeit für Gott?
- Bleibe ich meiner Mitte treu? Oder fühle ich mich innerlich zerrissen, weil ich mich auf Äußerlichkeiten konzentriere?
- Hole ich mir Kraft aus meiner Mitte, wenn der Alltag versucht, mich zu begraben?
- Lasse ich meine Mitte aus mir leuchten, damit auch andere erkennen können, wer meine Mitte ist?

– Stille –

Musik: Orgel oder andere Instrumentalmusik

– Stille –

Lied: Immer beginn ich von neuem (Tr 3)

Schuldbekenntnis und Vergebung

Liedruf: Beim Herrn ist Barmherzigkeit (GL 191,1)

Bekennen wir vor Gott und voreinander unsere Schuld:
Ich bekenne Gott, dem Allmächtigen ...

Nachlass, Vergebung und Verzeihung schenke uns der allmächtige und barmherzige Herr:
Der Vater, der Sohn und der Heilige Geist. – Amen.

Lied: Nun danket alle Gott (GL 266)

Zeichen setzen
Als Zeichen Ihrer Umkehrbereitschaft schlage ich Ihnen zwei Dinge vor, aus denen Sie auswählen können:
- Gehen Sie für sich in den nächsten Tagen der Frage nach, wo und wer die Mitte Ihres Lebens ist.
- Diese Holzscheibe kann eine Erinnerung sein, dass Sie sich mit jemand versöhnen müssen, dass Sie mit einem anderen Menschen etwas in Ordnung bringen müssen.

Segen
Der Herr sei mit euch. – Und mit deinem Geiste.
Der Herr segne uns und behüte uns, er lasse sein Angesicht über uns leuchten und sei uns gnädig, er wende uns sein Angesicht zu und schenke uns seinen Segen:
Gott, der Vater, der Sohn und der Heilige Geist. – Amen.

Entlassung
Gehet hin und bringet Frieden. – Dank sei Gott, dem Herrn.

Auszug: Orgel

Werde aufmerksam – spüre dein Leben

Vorbereitung

Für die GottesdienstteilnehmerInnen: MinistrantInnen teilen an alle feuchten Ton aus, der in Zellophan verpackt ist. Die Mitfeiernden können den Ton in den Händen halten und ertasten.
Kirchenraum: Bildmotive Mädchengesicht, Toni Zenz „Der Hörende" (Kunstverlag D-56653 Maria Laach), Hände, Blume, Obst.

Einzug: Orgel

Liturgischer Gruß

Im Namen des Vaters und des Sohnes und des Heiligen Geistes. – Amen.
Der Herr sei mit euch. – Und mit deinem Geiste.

Begrüßung

Zur Bußfeier als Einstimmung auf das Fest der Auferstehung Christi möchte ich Sie alle herzlich begrüßen. Ich lade Sie ein, in diesem Gottesdienst still zu werden, Hörende zu sein und dem Wort der Verheißung Raum zu geben.
Werde aufmerksam – spüre dein Leben. Unter dieses Thema möchte ich die heutige Bußfeier stellen.
Mit allen fünf Sinnen – Sehen, Hören, Tasten, Riechen und Schmecken – sollen wir das Leben spüren. An Hand dieser fünf Sinne möchte ich Ihnen einige Gedanken zur Besinnung und Gewissenserforschung vortragen.
Von den MinistrantInnen haben Sie am Eingang etwas Ton bekommen. Den können Sie in den Händen halten und ertasten.

Lied: O Haupt voll Blut und Wunden (GL 179)

Gebet
Gott, ich komme, um bei dir still zu werden.
Ein Teil von mir sitzt hier und betet, ein anderer Teil plant den morgigen Tag.
Beten macht mir Mühe, Stille halten fällt mir schwer.
Herr, hier bin ich. Nimm mir meine Hast und Unruhe. Ich atme deine Stille in mich hinein.
Gott, ich danke dir für diesen Tag.
Ich danke dir für die Aufgaben, die dieser Tag von mir forderte und an denen ich meine Kräfte und meine Ausdauer erproben konnte. Verzeih mir, wenn ich nicht alles so getan habe, wie es hätte sein müssen. Ich danke dir für meine Familie, für ihr Lächeln, ihre freundlichen Worte, ihr Zuhören und dafür, dass sie mich ertragen haben. Hilf ihnen, mir zu verzeihen, wenn ich rücksichtslos und lieblos gegen sie war. Ich danke dir für die Freude an allem Guten, das mir heute begegnet ist. Verzeih mir, wenn ich durch mein Verhalten die Freude anderer verdorben habe.
Ich danke dir für die Hoffnung nach jeder Niederlage.
Verzeih mir, wenn ich anderen eine Enttäuschung bereitet habe. Ich danke dir für alles Schöne in meinem Leben.
Bleibe bei mir und behüte mich in den schweigenden Stunden der Nacht.
Müde bin ich von großer Mühe und Sorge. Lass mich ruhen in dir.
Darum bitten wir durch deinen Sohn, der mit dir und dem Heiligen Geist lebt, jetzt und in Ewigkeit. – Amen.

– Stille –

Musik: Orgel oder andere Instrumentalmusik

– Stille –

GEWISSENSERFORSCHUNG

1. Augen sehen

Bild: Mädchengesicht

Evangelium: Mt 7,3–5
Warum siehst du den Splitter im Auge deines Bruders, aber den Balken in deinem Auge bemerkst du nicht? Wie kannst du zu deinem Bruder sagen: Lass mich den Splitter aus deinem Auge herausziehen! – und dabei steckt in deinem Auge ein Balken? Du Heuchler! Zieh zuerst den Balken aus deinem Auge, dann kannst du versuchen, den Splitter aus dem Auge deines Bruders herauszuziehen.

Hinführung
Ich sehe, ich lebe.
Bewegung fasziniert. Bewegung des Meeres, der Bäume, der Tiere, des Menschen. Betrachte Kinder, junge Erwachsene oder alte Menschen sehr aufmerksam, und du wirst ihre Schönheit entdecken. Sie werden durch deine Aufmerksamkeit anders.
„Es ist schön, dich wieder zu sehen!"
Antoine de Saint-Exupéry sagt: Hier ist mein Geheimnis. Es ist ganz einfach: Man sieht nur mit dem Herzen gut. Das Wesentliche ist für die Augen unsichtbar.

Fragen
- Wie oft sehe ich den Splitter im Auge der Schwester und des Bruders? Den Balken im eigenen Auge sehe ich nicht?
- Ist mein Blick scharf genug, die Not anderer zu sehen?
- Bemühe ich mich, in meinem Leben den Überblick zu haben?
- Kann ich hinsehen und die Not oder Hilfsbedürftigkeit eines anderen sehen? Kann ich auch manchmal wegsehen und meine Nase nicht überall hineinstecken? Kann ich etwas übersehen, z.B. über die Fehler der anderen hinwegsehen? Übersehe ich aus Gleichgültigkeit oder Unbesonnenheit Aufgaben, die mir das Leben stellt?

- Sehe ich meine eigene Not und Hilfsbedürftigkeit, und nehme ich sie ernst? Übersehe ich andere Menschen, indem ich ihnen mein Ansehen verweigere?
- Übersehe ich alte und kranke Menschen?
- Schärfe ich meinen Blick, um die Aufgaben in meinem Betrieb, in meinem Geschäft, in meiner Familie zu sehen und wahrzunehmen?
- Sehe ich in meinem Leben Menschen, die mich brauchen?
- Kann ich den Himmel neu sehen?
- Kann ich dem Spiel der Kinder zusehen?
- Kann ich ein Senfkorn pflanzen und beobachten, wie es sich entwickelt? Wann war ich „blind" im Umgang mit den Mitmenschen, mit der Natur?

2. Ohren hören

Bild: Toni Zenz: Der Hörende

Lesung: Sir 5,11–13
Sei schnell bereit zum Hören, aber bedächtig bei der Antwort! Nur wenn du imstande bist, antworte deinem Mitmenschen, wenn nicht, leg die Hand auf den Mund! Ehre und Schmach liegen in der Hand des Schwätzers, des Menschen Zunge ist sein Untergang.

Hinführung
Lauschen, horchen, wahrnehmen, vernehmen, verstehen, entnehmen, erfahren, mitkriegen, aufschnappen, sich sagen lassen, erzählt bekommen, anhören, zuhören, still sein, aufmerksam sein, belauschen, an den Lippen hängen, zu Ohren bekommen, die Ohren spitzen ...
Hören will gelernt sein. Kennst du Menschen, die dir drei Minuten lang zuhören können, wenn du etwas mitteilen willst? Drei Minuten lang zuhören, ohne dir gleich ins Wort zu fallen, Ratschläge zu erteilen, dir mitzuteilen: „Das hab ich auch schon alles erlebt." „Nimm das nicht so wichtig!"
Zuhören ist eine Kunst. Wirkliches Zuhören zielt auf den Sinn des Gesagten, macht aufmerksam für Unter- und Obertöne. Was meinst du? Was verschweigst du? Welche Not, welche Hoffnung spricht aus dir?

Ich höre. Wenn ich aufwache, höre ich Stimmen, Geräusche, Musik, Vogelgezwitscher, Maschinenlärm. Bevor ich meine Augen öffne, tritt durch meine Ohren die Welt mit mir in Kontakt.
Meine Ohren kann ich nicht einfach schließen wie die Augen. Hören geschieht mehr ungewollt. Ich höre die vielen Geräusche, aber nur, was ich wirklich hören möchte, darauf horche ich.

Fragen

- Gelingt es mir, so hinzuhören, dass ich höre, was der andere wirklich will? Bin ich ein Hörender?
- Finden meine Mitmenschen bei mir Gehör?
- Wem höre ich zu, wem nicht?
- Wer kann sich bei mir aussprechen? Öffne ich mich der Botschaft Gottes?
- Höre ich auf die Melodie meines Lebens?

– Stille –

Musik: Orgel oder andere Instrumentalmusik

– Stille –

3. Hände tasten

Bild: Hände

Evangelium: Lk 7,37–39
Als nun eine Sünderin, die in der Stadt lebte, erfuhr, dass er im Haus des Pharisäers bei Tisch war, kam sie mit einem Alabastergefäß voll wohlriechendem Öl und trat von hinten an ihn heran. Dabei weinte sie, und ihre Tränen fielen auf seine Füße. Sie trocknete seine Füße mit ihrem Haar, küsste sie und salbte sie mit dem Öl. Als der Pharisäer, der ihn eingeladen hatte, das sah, dachte er: Wenn er wirklich ein Prophet wäre, müsste er wissen, was das für eine Frau ist, von der er sich berühren lässt; er wüsste, dass sie eine Sünderin ist.

Hinführung
Ich betrachte meine Hände.
Welche Werkzeuge stellen sie dar? Schale, Becher, Rinne, Kamm, Klammer, Hammer, Zange, Waage, Fühler, Taster, Thermometer ...
Meine Hände können wärmen, verweigern, schlagen, hinweisen empfangen, streicheln.
Sie können zur Faust geballt werden, Brücken bauen, aufgelegt werden, gefaltet werden, einander gereicht werden, segnen.
Forme aus deinen Händen eine große Schale. Diese Haltung vermittelt Offenheit und innere Bereitschaft.
In deine Hand kann etwas gelegt werden.
Jeden Tag wirst du durch Worte, Zeichen, Berührungen beschenkt.
Betrachte dein Leben als ein Geschenk.

Fragen
- Kann ich mich beschenken lassen?
- Auf welche Handreichungen bin ich angewiesen?
- Wem kann ich danke sagen und wem nicht?
- Was drücke ich durch meine Hände aus?
- Was können meine Hände heute verschenken?
- Was gebe ich mit meinen Händen?
- Was empfange ich mit meinen Händen?
- Kann ich meine Hand zur Versöhnung reichen?
- Was meine ich, wenn ich mit der Faust auf den Tisch schlage? Was will ich damit ausdrücken?
- Wen unterdrücke ich mit meiner Hand?
- Wen schlage ich nieder mit meiner Hand?
- Wen wehre ich ab mit meiner Hand?
- Kann ich mit meinen Händen zärtlich sein?

4. *Riechen mit der Nase*

Bild: Blume

Lesung: Gen 8,20–21
Dann baute Noach dem Herrn einen Altar, nahm von allen reinen Tieren und von allen reinen Vögeln und brachte auf dem Altar Brandopfer dar. Der Herr roch den beruhigenden Duft, und der Herr sprach bei sich: Ich will die Erde wegen des Menschen nicht noch einmal verfluchen; denn das Trachten des Menschen ist böse von Jugend an. Ich will künftig nicht mehr alles Lebendige vernichten, wie ich es getan habe.

Hinführung
Die frische Wäsche riechen.
Den Duft der Blumen wahrnehmen.
Einige Minuten bewusst durch die Nase atmen.
Frischen Wind in meine Familie/Gruppe/Klasse bringen.
Ein Fest der Gerüche feiern: Kuchen, Obst, Kerze, Tee, Kekse, Schinken.
Meinen Körpergeruch wahrnehmen – sorgfältig mit dem Körper umgehen – über Körperpflege nachdenken.
Bewusst riechen: Heu, Kaffeeduft, Krankenhausluft, Tiere, Autoabgase, Zigarettenqualm, Medizin.
Zeit nehmen, um der „Alltagsluft“ zu entrinnen.
Frische Luft und Stille einatmen – den Tag mit einem Gebet beginnen.
Was erzählt mir meine Nase aus meiner Kindheit?
Welchen charakteristischen Geruch kenne ich aus meinem Elternhaus, aus meiner Straße, aus meiner Schule?

Fragen
- Wen in meiner Umgebung kann ich nicht riechen?
- Wo stecke ich überall die Nase hinein?
- Muss ich immer und überall meine Nase vorne haben?
- Wen tituliere ich: „Der ist eine Rotznase?“ Wen qualifiziere ich damit ab: Der ist unreif? Der ist vorlaut?

– Stille –

Musik: Orgel oder andere Instrumentalmusik

– Stille –

5. Schmecken – Geschmack

Bild: Obst

Evangelium: Mt 6,16–18
Wenn ihr fastet, macht kein finsteres Gesicht wie die Heuchler. Sie geben sich ein trübseliges Aussehen, damit die Leute merken, dass sie fasten. Amen, das sage ich euch: Sie haben ihren Lohn bereits erhalten. Du aber salbe dein Haar, wenn du fastest, und wasche dein Gesicht, damit die Leute nicht merken, dass du fastest, sondern nur dein Vater, der auch das Verborgene sieht; und dein Vater, der das Verborgene sieht, wird es dir vergelten.

Hinführung
Einen Tag lang fasten.
Den Geschmack des Apfels neu erleben.
Einen Tag lang trockenes Brot essen.
Das Salz im Essen wahrnehmen.
Brot und Wein: Frucht der Erde und der menschlichen Arbeit.
Einen schlechten oder einen guten Geschmack haben.
Geschmacklos im Reden – Handeln – Tun.
Ein japanisches Sprichwort sagt: Wenn eine Kuh Wasser trinkt, macht sie daraus Milch. Wenn die Schlange Wasser leckt, wird daraus Gift.

Was schmecke ich gern?
Was schmecke ich nicht gern?
Was ist mein Geschmack?

– Stille –

Musik: Orgel oder andere Instrumentalmusik

– Stille –

Fragen

Wir haben in der Besinnung einen ganz kleinen Ausschnitt aus unserem Leben angeschaut.
Ich lade Sie jetzt ein, in einigen Augenblicken der Stille wie mit einem großen Scheinwerfer andere Bereiche Ihres Lebens auszuleuchten und nach Sünde und Schuld zu suchen. Ich helfe Ihnen dabei mit ein paar Fragen:

- Wie ist meine Beziehung zu anderen Menschen: Ehepartner, Kinder, Eltern, Vorgesetzte, Freunde?
- Wo habe ich anderen wehgetan, sie gekränkt? Wo bin ich an anderen schuldig geworden?
- Wo ist mein Engagement für die Gemeinschaft?
- Wie ist meine Beziehung zu Gott?
- Welche Rolle spielt mein Glaube, mein Gebet, mein Interesse an religiösen Fragen in meinem Leben?
- Welchen Stellenwert hat die Mitfeier des Sonntagsgottesdienstes?
- Wie ist meine Beziehung zu mir selbst? Die Erfüllung meiner Aufgaben im Beruf? Was tue ich für meine Gesundheit?

Schuldbekenntnis und Vergebungsbitte

Liedruf: Beim Herrn ist Barmherzigkeit (GL 191,1)

Bekennen wir vor Gott und voreinander unsere Schuld:
Ich bekenne Gott, dem Allmächtigen ...

Nachlass, Vergebung und Verzeihung schenke uns der allmächtige und barmherzige Herr:
Der Vater, der Sohn und der Heilige Geist. – Amen.

Liedruf: Beim Herrn ist Barmherzigkeit (GL 191,1)

Zeichen setzen

Ich möchte Sie dazu ermuntern, auf Ihre innere Bereitschaft zur Umkehr auch Taten folgen zu lassen. Vielleicht kann einer der drei folgenden Vorschläge für Sie eine Anregung sein:

- Gehen Sie zu dem Menschen, den Sie übersehen haben, und versöhnen Sie sich mit ihm.
- Gehen Sie zu dem Menschen, den Sie überhört haben, und versöhnen Sie sich mit ihm.
- Gehen Sie zu dem Menschen, den Sie nicht riechen können, und versöhnen Sie sich mit ihm.

Der Ton in Ihrer Hand möge Sie daran erinnern.

Segen

Gott, segne unsere Hände, dass sie behutsam seien.
Gott, segne unsere Hände, dass sie halten können, ohne zur Fessel zu werden.
Gott, segne unsere Hände, dass sie geben können ohne Berechnung.
Gott, segne unsere Hände, dass ihnen innewohne die Kraft, zu trösten und zu segnen.
So segne uns der allmächtige Gott, der Vater, der Sohn und der Heilige Geist. – Amen.

Entlassung

Gehet hin und bringet Versöhnung und Frieden. – Dank sei Gott, dem Herrn.

Auszug: Orgel

Heimat ist Geborgenheit

Vorbereitung
Für die GottesdienstteilnehmerInnen: MinistrantInnen teilen an die Mitfeiernden ein Säckchen mit (Heimat-)Erde aus.
Kirchenraum: Bildmotive: Erde – gepflügter Acker, Häuser, Flüchtlingslager, blühender Apfelbaum, Obst, Partnerlook, zerstrittenes Paar, Begegnung mit Ausländern; Jugendliche im Gespräch, Wegbild als „Lebensweg", Säugling.

Bild: Erde, gepflügter Acker

Einzug: Orgel

Liturgischer Gruß
Im Namen des Vaters und des Sohnes und des Heiligen Geistes. – Amen.
Der Herr sei mit euch. – Und mit deinem Geiste.

Begrüßung
Zur Bußfeier als Einstimmung auf das Fest der Auferstehung Christi möchte ich Sie alle herzlich begrüßen. Ich lade Sie ein, in diesem Gottesdienst still zu werden, Hörende zu sein und dem Wort der Verheißung Raum zu geben.

Lied: Wer leben will (GL 183)

Einführung
Sie haben am Eingang ein Säckchen mit Erde bekommen. Es ist Erde von unserem Ort. Es ist Heimaterde. Diese Heimaterde soll uns als Symbol durch die heutige Bußfeier begleiten.
Heimat, Daheim, Zuhause, Geborgenheit, Verwurzelung ist der Themenbereich, unter den ich diese Bußfeier gestellt habe. Er ist der rote Faden, der uns durch diese Bußfeier geleiten soll.

Heimat ist Geborgenheit

Heimat
ist, wo du geboren, ist das Haus,
das seine Obhut deinem Wachsen gab.
Heimat
ist ein Paradies,
das in der Erinnerung nie verloren,
ist heile Welt,
an der dein Herz sich maß.

Heimat
sind die Wiese und der Garten
deiner Jugend, deiner Zukunftsträume.
Heimat,
das sind altvernarbte Bäume,
die dich immer noch erwarten.

Heimat
ist der auserwählte Partner,
den du verstehst und der dich liebt.
Heimat,
das ist gegenseitiges Vertrauen,
das immer wieder Halt dir gibt.

Heimat
das sind Freunde,
die dein Leben schmücken
und viele Wege mit dir gehen.
Heimat,
mit diesem Zufluchtsort im Herzen
wirst du nie alleine stehen.

Heimat
sind die innigen Gefühle,
die dich mit Geborgenheit umgeben.
Heimat,
welch ein Wort, umrahmt von Liebe.
Ohne Heimat ist es schwer, zu leben.

Gisela Merten

Gebet

Gott, wir kommen, um bei dir still zu werden.
Ohne dich vermögen wir nichts. Ohne deinen Segen kann unser Wirken nicht zu einem guten Ende kommen.
So öffne jetzt unsere Augen, damit wir die kleinen Wunder an unserem Weg noch wahrnehmen.
Öffne unsere Ohren, damit wir auch die Herzenstöne derer vernehmen können, mit denen wir täglich umgehen.
Öffne unseren Mund, damit er zu einer Quelle der Ermutigung wird, und schließe unser Herz auf, damit wir wieder Wege zueinander finden, wenn wir in Gefahr stehen, uns zu verlieren.
Ja, schließe uns jetzt ganz auf und mache uns aufnahmebereit für das, was du uns heute Abend sagen willst.
Darum bitten wir durch deinen Sohn, der mit dir und dem Heiligen Geist lebt, jetzt und in Ewigkeit. – Amen.

Evangelium: Lk 4,16–30

So kam er auch nach Nazaret, wo er aufgewachsen war, und ging, wie gewohnt, am Sabbat in die Synagoge. Als er aufstand, um aus der Schrift vorzulesen, reichte man ihm das Buch des Propheten Jesaja. Er schlug das Buch auf und fand die Stelle, wo es heißt:
Der Geist des Herrn ruht auf mir;
denn der Herr hat mich gesalbt.
Er hat mich gesandt,
damit ich den Armen eine gute Nachricht bringe;
damit ich den Gefangenen die Entlassung verkünde
und den Blinden das Augenlicht;
damit ich die Zerschlagenen in Freiheit setze
und ein Gnadenjahr des Herrn ausrufe.
Dann schloss er das Buch, gab es dem Synagogendiener und setzte sich. Die Augen aller in der Synagoge waren auf ihn gerichtet. Da begann er, ihnen darzulegen: Heute hat sich das Schriftwort, das ihr eben gehört habt, erfüllt. Seine Rede fand bei allen Beifall; sie staunten darüber, wie begnadet er redete, und sagten: Ist das nicht der Sohn Josefs? Da entgegnete er ihnen: Sicher werdet ihr mir das Sprichwort vorhalten: Arzt, heile dich selbst! Wenn du in Kapharnaum so große Dinge getan

hast, wie wir gehört haben, dann tu sie auch hier in deiner Heimat! Und er setzte hinzu: Amen, das sage ich euch: Kein Prophet wird in seiner Heimat anerkannt. Wahrhaftig, das sage ich euch: In Israel gab es viele Witwen in den Tagen des Elija, als der Himmel für drei Jahre und sechs Monate verschlossen war und eine große Hungersnot über das ganze Land kam. Aber zu keiner von ihnen wurde Elija gesandt, nur zu einer Witwe in Sarepta bei Sidon. Und viele Aussätzige gab es in Israel zur Zeit des Propheten Elischa. Aber keiner von ihnen wurde geheilt, nur der Syrer Naaman. Als die Leute in der Synagoge das hörten, gerieten sie alle in Wut. Sie sprangen auf und trieben Jesus zur Stadt hinaus; sie brachten ihn an den Abhang des Berges, auf dem ihre Stadt erbaut war, und wollten ihn hinabstürzen. Er aber schritt mitten durch die Menge hindurch und ging weg.

GEWISSENSERFORSCHUNG

1. Heimat ist, wo du geboren

Bild: Häuser

Strophe
Heimat
ist, wo du geboren, ist das Haus,
das seine Obhut deinem Wachsen gab.
Heimat
ist ein Paradies,
das in der Erinnerung nie verloren,
ist heile Welt,
an der dein Herz sich maß.

Hinführung
Zu Hause. Daheim. Heimat.
Er besitzt keine Heimat! Er ist heimatlos! Diese Sätze sind so voll Kälte, voll Trauer, sagen so viel von Heimatlosigkeit aus.

Daheim ist jener Ort, wo wir erwartet werden, wo wir ankommen, wo unser Weg und unser Suchen aufhören, wo alle unsere Wege zusammenführen.
Zu Hause sein, das ist: geborgen sein, verborgen sein.
Zu Hause sein ist auch: Angekommen sein. Aufgenommen werden.
Sich geborgen fühlen. Sich verstanden wissen.
Wie gut, wie tröstend und tröstlich ist es, erwartet zu werden.

Bild: Flüchtlingslager

Fragen
- Wem bereite ich ein Zuhause, ein Daheim, eine Heimat?
- Ist es bei mir daheim, in der Familie so, dass meine Familienmitglieder ankommen können?
- Sorge ich dafür, dass der Himmel auf Erden anfanghaft da ist?
- Wie ist mein Beitrag zum Daheim, zum Zuhause, zur Heimat?

– Stille –

Musik: Orgel oder andere Instrumentalmusik

– Stille –

2. Heimat sind die Wiese und der Garten

Bild: Blühender Apfelbaum

Strophe
Heimat
sind die Wiese und der Garten
deiner Jugend, deiner Zukunftsträume.
Heimat,
das sind altvernarbte Bäume,
die dich immer noch erwarten.

Hinführung
Die Landschaft meiner Kindheit ist mir vertraut.
Wir fühlen uns in der Landschaft, wo wir aufgewachsen sind, geborgen.
Die Erde, der Ort, wo wir aufgewachsen sind, prägt uns.
Wir haben den Auftrag, diese Erde zu bebauen und zu bewahren.

Bild: Obst

Fragen
- Wie pflege und behüte ich unsere Erde, unsere Gemeinde?
- Wie gehe ich mit der Erde um?
- Wie gehe ich mit den Früchten der Erde um?
- Wie gehe ich mit der Luft um, die die Erde umgibt?
- Wie pflege ich die Wiese und den Garten meiner Jugend?
- Mit anderen Worten: Wie pflege ich die Beziehung zu meinen Eltern und Großeltern?
- Wie helfe ich ihnen, wenn sie alt und gebrechlich sind?

– Stille –

Musik: Orgel oder Instrumentalmusik

– Stille –

3. Heimat ist der auserwählte Partner

Bild: Partnerlook

Strophe
Heimat
ist der auserwählte Partner,
den du verstehst und der dich liebt.
Heimat,
das ist gegenseitiges Vertrauen,
das immer wieder Halt dir gibt.

Hinführung
Du bist zu Hause, wo du liebst, wo du dich verschenkst, dich verströmst, wo du vergibst.
Du bist zu Hause, wo du Geborgenheit und Wärme erfährst.

Bild: Zerstrittenes Paar

Fragen
- Ist der Partner/die Partnerin bei mir zu Hause?
- Gebe ich ihm/ihr Geborgenheit und Wärme?
- Oder bin ich so, dass er/sie in meiner Gegenwart erfrieren muss?
- Ist meine Beziehung zum Partner/zur Partnerin und auch zu anderen Menschen getragen von Vertrauen?
- Kann ich meinem Partner/meiner Partnerin und anderen Menschen vergeben?

– Stille –

Musik: Orgel oder andere Instrumentalmusik

– Stille –

4. Heimat, das sind Freunde

Bild: Begegnung mit Ausländern

Strophe
Heimat
das sind Freunde,
die dein Leben schmücken
und viele Wege mit dir gehen.
Heimat,
mit diesem Zufluchtsort im Herzen
wirst du nie alleine stehen.

Hinführung
Menschen fühlen sich an vielen unterschiedlichen Orten zu Hause: in großen Häusern, in kleinen Wohnungen, oft an Plätzen, wo man es nicht erwartet und nicht für möglich hält.
Der Mensch aber ist immer da zu Hause, wo es einen Menschen gibt, der auf ihn wartet, an dessen Schulter er sich anlehnen kann, wo man ihn so nimmt und auch annimmt, wie er ist.
Zu Hause sein können wir auch als Mitglied der Pfarrgemeinde: in einer Gruppe, in einem Gottesdienst, in der Sorge um die anderen.

Bild: Jugendliche im Gespräch

Fragen
- Bin ich getragen von den Mitgliedern unserer Pfarrgemeinde?
- Gibt es Menschen in unserer Pfarrgemeinde, die auf mich warten?
- Lasse ich sie warten, oder gehe ich auf sie zu?
- Gibt es Menschen, die sich an meiner Schulter anlehnen möchten und es auch können?
- Finde ich Heimat und gebe ich anderen Heimat?
- Feiere ich die Feste dieser Gemeinde mit?

– *Stille* –

Musik: Orgel oder andere Instrumentalmusik

– *Stille* –

5. Heimat sind die innigen Gefühle

Bild: Wegbild als „Lebensweg“

Strophe
Heimat
sind die innigen Gefühle,
die dich mit Geborgenheit umgeben.

Heimat,
welch ein Wort, umrahmt von Liebe.
Ohne Heimat ist es schwer zu leben.

Hinführung
Ich bin geborgen in der Liebe des anderen, der mit mir geht.
Ich bin geborgen, wenn der andere mir seine Gefühle anvertraut
und ich ihm meine Gefühle anvertrauen kann.
Ich bin geborgen, wenn ich das Göttliche in mir selbst entdecke.
Ich bin geborgen, wenn ich bei mir selber bin.

Bild: Säugling

Fragen
- Weiß ich um die letzte Geborgenheit in Gott?
- Wage ich es, auf diese letzte Geborgenheit in Gott zu vertrauen?
- Kann ich auch bei mir daheim sein in Zeiten, wo ich allein sein will?
- Fühle ich mich bei mir zu Hause?

– Stille –

Musik: Orgel oder andere Instrumentalmusik

– Stille –

Fragen
Wir haben in der Besinnung einen ganz kleinen Ausschnitt aus unserem Leben angeschaut. Ich lade Sie jetzt ein, in einigen Augenblicken der Stille andere Bereiche Ihres Lebens anzuschauen und nach Sünde und Schuld zu suchen. Ich helfe Ihnen dabei mit ein paar Fragen:
- Gibt es Dinge, die mich bedrücken, eine bestimmte Schuld, die mich plagt?
- Gibt es etwas in meinem Leben, das ich in Ordnung zu bringen habe, etwas, das ich in dieser Stunde in besonderer Weise vor Gott tragen möchte?
- Wie ist meine Beziehung zu Gott?

- Wie ist mein Glaube, mein Gebet, mein Interesse an religiösen Fragen, die Mitfeier des Sonntagsgottesdienstes?
- Wie ist meine Beziehung zu mir selbst? Die Erfüllung meiner Aufgaben im Beruf?
- Was tue ich für meine Gesundheit?
- Wie ist meine Beziehung zu anderen Menschen: zum Ehepartner, zu den Kindern, Eltern, Vorgesetzten, Freunden?
- Wo habe ich anderen wehgetan, sie gekränkt? Wo bin ich an anderen schuldig geworden?
- Wo ist mein Engagement für die Gemeinschaft?
- Wie bringe ich meine Fähigkeiten und Talente in der Gemeinde ein?

Schuldbekenntnis und Vergebungsbitte

Liedruf: Beim Herrn ist Barmherzigkeit (GL 191,1)

Bekennen wir vor Gott und voreinander unsere Schuld:
Ich bekenne Gott, dem Allmächtigen ...

Nachlass, Vergebung und Verzeihung schenke uns der allmächtige und barmherzige Herr:
Der Vater, der Sohn und der Heilige Geist. – Amen.

Lied: Nun danket alle Gott (GL 266)

Zeichen setzen

Ich möchte Sie dazu ermuntern, auf Ihre innere Bereitschaft zur Umkehr nun auch Taten folgen zu lassen. Vielleicht kann einer der drei Vorschläge für Sie eine Anregung sein:

- Gehen Sie zu einem Menschen, dem Sie Heimat und Geborgenheit verwehrt haben, und versöhnen Sie sich mit ihm.
- Gehen Sie an den Ort Ihrer Kindheit, an den Ort, wo Sie aufgewachsen sind. Wenn Sie nicht direkt dorthin können, dann tun Sie es in Gedanken. Aus dieser Übung kann Ihnen Kraft erwachsen.
- Gehen Sie zu sich selber und versöhnen Sie sich mit sich selbst, mit den Schattenseiten, die Sie an sich selbst nicht mögen.

Die Erde unserer Heimat in Ihrer Hand möge Sie daran erinnern.

Segen
Der Herr sei neben dir,
um dich zu schützen.
Der Herr sei in dir,
um dich zu trösten, wenn du traurig bist.
Der Herr sei unter dir,
um dich aufzufangen, wenn du fällst.
So segne uns der allmächtige Gott:
Der Vater, der Sohn und der Heilige Geist.
Amen.

Auszug: Orgel

Halt an! Kehr um!

Hinweis: Die Schrifttexte orientieren sich an den vorgesehenen Lesungen aus dem Lesejahr A.

Vorbereitung
Für die GottesdienstteilnehmerInnen: MinistrantInnen teilen an die Mitfeiernden den Text „Halt an“ (s.u.) aus:
Für den Gottesdienst: Korb mit Früchten, Osterkerze (oder andere große Kerze), Krug mit klarem Wasser und ein großer Stein, Blindenschleife und Blindenstock, toter und blühender Ast, Palmbuschen.

Einzug: Orgel

Liturgischer Gruß
Im Namen des Vaters und des Sohnes und des Heiligen Geistes. – Amen.
Der Herr sei mit euch. – Und mit deinem Geiste.

Begrüßung
Zur Bußfeier als Einstimmung auf das Fest der Auferstehung Christi möchte ich Sie alle herzlich begrüßen. Ich lade Sie ein, in diesem Gottesdienst still zu werden, Hörende zu sein und dem Wort der Verheißung Raum zu geben.

Lied: Wer leben will (GL 183)

Gebet
Allmächtiger Gott, wir haben uns versammelt, um als Gemeinde vor dir im Licht des Evangeliums Rückschau zu halten auf die letzten Monate.
Rückschau auf unser Leben.
Rückschau auf das, was uns nicht gelungen ist.
Rückschau auf das, wo wir gefehlt haben.
Mach uns bereit zur Umkehr und zum Neuanfang.

Darum bitten wir durch Jesus Christus, unsern Herrn. – Amen.

Wir nehmen den Meditationstext, den Sie am Eingang bekommen haben, als Thema dieser Bußfeier.

Halt an!

Halt an!
Wo rennst du hin?
Werde langsam!

Schließe Augen und Mund
und
lausche der Stimme
in der Tiefe
deines Herzens!

Lausche deiner inneren Stimme!
Besinne dich!
Was ist dir wichtig?

Kehr um
und gehe den Weg,
der dir heilig ist.

Angelus Silesius

GEWISSENSERFORSCHUNG

Besinnung

Halt an!

Wenn ich anhalte, werde ich aufmerksam auf Dinge, die mir beim Hasten und Eilen nicht auffallen. Ich falle aus dem Trott heraus und sehe neue Wege. Sonst stürme ich an allem vorbei.
Ich renne am anderen vorbei.

Ich renne vor mir selbst davon.
Ich renne den Konflikten davon.
Ich gehe den Schwierigkeiten aus dem Weg.

Fragen

- Was zwingt mich, stehen zu bleiben?
  Wenn mir die Kraft ausgeht,
  ein Schicksalsschlag,
  wenn mir die Gesundheit einen Streich spielt,
  wenn mich etwas aufrüttelt,
  ein Unfall?
- Braucht es immer erst einen Unfall, der mich zum Stehen-Bleiben zwingt?
- Wo rennst du hin?
  Wo renne ich überall hin?
  Welchen Dingen renne ich nach?
  Welchen Fahnen renne ich nach?
  Habe ich ein Ziel, auf das hin ich renne?
- Welche Ziele verfolge ich?
- Lasse ich mich vom Stress überrennen oder einholen?

Besinnung

Schließe Augen und Mund

Ich meine manchmal, ich müsse alles sehen und hören.
Ich muss aber nicht immer und überall ein Wort sagen und meine Meinung kundtun.
Reden ist Silber und Schweigen ist Gold.
Ich schließe Augen und Mund, damit ich besser hören kann.

Fragen

- Kann ich anderen zuhören?
- Höre ich die Not der anderen?

Besinnung

Lausche der Stimme in der Tiefe deines Herzens

Das kann heißen:

auf leise Stimmen hören
schwache Geräusche wahrnehmen
Untertöne hören
sensibel sein

Fragen

- Was sagt mir mein Herz?
- Befolge ich das, was mein Herz sagt?
- Kenne ich mein Herz, meine Wünsche,
  meine Träume, meine Sehnsüchte?
  Gebe ich meinem Herzen einen Stoß,
  wenn ich von ihm eine Botschaft habe?
  Wenn ich für andere etwas tun soll?
  Wenn ich für mich etwas tun soll?

Besinnung

Was ist dir wichtig?
Wichtig ist mir:
Geld
Karriere
Essen und Trinken
Gesundheit
die Familie
mein Partner
meine Kinder
meine Eltern

Frage

- Kann ich Wichtiges von Unwichtigem unterscheiden?

Besinnung

Kehr um
und gehe den Weg,
der dir heilig ist.
Heilig ist etwas Kostbares.
Heilig ist etwas Einzigartiges.

Heilig ist etwas Wichtiges.
Heilig ist etwas Kostbares.

Fragen

- Wo finde ich Heil?
- Werde ich meinen Mitmenschen zum Heil und zum Segen?

– Stille –

Musik: Orgel oder andere Instrumentalmusik

– Stille –

1. *Die Versuchungen unseres Lebens*

Symbol: Ein Korb mit Früchten
Am ersten Fastensonntag (A) hörten wir in der Lesung von der Versuchung im Garten Eden (Gen 2,7–9; 31–7), im Evangelium von der Versuchung Jesu (Mt 4,1–11).
Hier sehen Sie einen Korb mit Früchten *(GottesdienstleiterIn hebt den Korb hoch):*
Symbol für die verbotenen Früchte, für die vielen Versuchungen unseres Lebens.

Fragen

- Welchen verbotenen Früchten kannst du nicht widerstehen?
- Was wünscht sich dein Herz?
- Wie gehst du mit deinen Versuchungen um?

2. *Wer ist dir Licht?*

Symbol: Osterkerze (oder andere große Kerze) im Mittelpunkt

Am zweiten Fastensonntag war die Lesung von der Berufung und dem Segen Abrahams (Gen 12,1–4a), das Evangelium von der Verklärung Jesu (Mt 17,1–9).
Hier ist die Osterkerze, Symbol für Jesus, das Licht der Welt.

Fragen

- Wer ist dir Licht?
- Wer leitet dich in deinen Entscheidungen?
- Wohin ruft dich deine innere Stimme?
- Wo ist dein Gelobtes Land?
- Wo und für wen bist du ein Segen?

3. Vom Wasser des Lebens

Symbol: Ein Krug klares Wasser und ein großer Stein
Die Lesung des dritten Fastensonntags: Mose bringt durch Gottes Hilfe aus Steinen Wasser hervor (Ex 17,3–7). Das Evangelium erzählt von Jesus und der Frau am Jakobsbrunnen (Joh 4,5–42).
Hier sehen Sie einen großen Stein und einen Krug mit klarem, köstlichem Wasser.

Fragen

- Wo und wann bist du hart, wie ein Stein?
- Wer oder was belebt dich?
- Wem bist du Wasser des Lebens?
- Wem bist du Quelle der Freude?
- Woran erkennen die anderen, dass du ein Christ bist?

– Stille –

Musik: Orgel oder andere Instrumentalmusik

– Stille –

4. Die blinden Flecke

Symbol: Blindenschleife und Blindenstock
Das Evangelium berichtet uns von einer Blindenheilung durch Jesus (Joh 9,1–41).
Hier sehen Sie eine Blindenschleife und einen Blindenstock. Sie sollen uns sensibel machen für unsere eigene Blindheit.

Fragen
- Wo sind deine blinden Flecke?
- Was willst und kannst du nicht sehen?
- Wo kannst du deine eigene Schönheit nicht sehen?
- Wer heilt deine Blindheit?
- Wessen Blindheit heilst du?

5. ... und beginnt zu leben

Symbol: Toter und blühender Ast
Am fünften Fastensonntag sagt uns die Prophetie von Ezechiel (Ez 37,12b–14), dass Gott die Gräber öffnet, und im Evangelium lässt Jesus das Grab des Lazarus öffnen und erweckt ihn zum Leben (Joh 11,1–45).
Hier sehen Sie zwei Äste. Einer ist tot, starr und kalt. Der andere blüht auf und beginnt zu leben, strahlt Hoffnung aus.

Fragen
- Wo im Leben bist du tot?
- Bist du in deiner Meinung erstarrt und festgefahren?
- Haben neue Ideen Platz in deinem Leben?
- Wo sehnst du dich nach Leben in Fülle?
- Wo in deinem Leben blühst du auf?
- Worauf kannst du hoffen?
- Wen erweckst du aus seiner Starrheit und Sturheit?

Palmsonntag – Begeisterung

Symbol: Palmbuschen
Am Palmsonntag hör(t)en wir vom Einzug Jesu in Jerusalem (Mt 21,1–11). Hier sind Palmbuschen, Symbol für Freude, Jubel und Begeisterung.

Fragen

- Wem jubelst du zu?
- Was ist dir wichtig in deinem Leben?
- Wofür kannst du dich begeistern?
- Wie lange hält deine Begeisterung?
- Wen kannst du für etwas begeistern?
- Wem bist du wichtig?
- Wie geht es dir, wenn dich jemand lobt?

Text: Halt an!
Siehe Seite 191.

– Stille –

Musik: Orgel oder Instrumentalmusik

– Stille –

Schuldbekenntnis und Vergebungsbitte

Liedruf: Beim Herrn ist Barmherzigkeit (GL 191,1)

Bekennen wir vor Gott und voreinander unsere Schuld:
Ich bekenne Gott, dem Allmächtigen ...

Ich lade Sie ein, beide Hände auszustrecken, um offen zu sein für Gottes Vergebung. Die offenen Hände sind wie eine Schale, sind eine empfangende Geste.
Nachlass, Vergebung und Verzeihung schenke uns der allmächtige und barmherzige Herr: Der Vater, der Sohn und der Heilige Geist. – Amen.

Lied: Nun singt ein neues Lied (GL 262)

Zeichen setzen

Ich möchte Sie dazu ermuntern, dass Sie Ihrer inneren Umkehrbereitschaft nun auch Taten folgen lassen. Vielleicht kann einer der zwei Vorschläge, die ich Ihnen mache, für Sie eine Hilfe sein:

- Gehen Sie zu einem Menschen, dem Sie in der letzten Zeit wehgetan haben, und versöhnen Sie sich mit ihm.
- Gehen Sie in sich, und versöhnen Sie sich mit sich selbst, mit den Schattenseiten, die Sie an sich selbst nicht mögen.

Der Zettel mit dem Text der Besinnung kann Sie an Ihre Versöhnungsbereitschaft erinnern.

Segen

Der Herr sei mit euch. – Und mit deinem Geiste.
Gott segne uns, dass wir langsam werden und anhalten können.
Gott segne uns, dass wir Augen und Mund schließen und der Stimme in der Tiefe unseres Herzens lauschen.
Gott segne uns, dass wir den Weg gehen, der uns heilig ist.
So segne uns der allmächtige Gott: Der Vater, der Sohn und der Heilige Geist. – Amen.

Entlassung

Gehet hin und bringet Versöhnung und Frieden. – Dank sei Gott, dem Herrn.

Auszug: Orgel

Festgenagelt

Vorbereitung
Für die GottesdienstteilnehmerInnen: MinistrantInnen teilen an die Mitfeiernden einen Nagel aus.
Kirchenraum: Im Altarraum steht ein einfaches Holzkreuz (evtl. von einem Schreiner anfertigen lassen). Dazu sind große Nägel und ein Hammer vorbereitet.

Einzug: Orgel

Liturgischer Gruß
Im Namen des Vaters und des Sohnes und des Heiligen Geistes. – Amen.
Der Herr sei mit euch. – Und mit deinem Geiste.

Begrüßung
Zur Bußfeier als Einstimmung auf das Fest der Auferstehung Christi möchte ich Sie alle herzlich begrüßen. Ich lade Sie ein, in diesem Gottesdienst still zu werden, Hörende zu sein und dem Wort der Verheißung Raum zu geben.

Lied: O höre, Herr, erhöre mich (GL 167)

Gebet
Guter Gott, in dieser Stunde sind wir versammelt, um dein Wort zu hören.
Zu hören, welche Weisung du für uns bereit hast.
Zu hören, wo wir gegen deine Weisung gehandelt haben.
Wo wir Fehler gemacht und falsch gehandelt haben.
Sprich zu uns dein Wort und gib uns den Mut umzukehren.
Darum bitten wir durch deinen Sohn, der mit dir und dem Heiligen Geist lebt, jetzt und in Ewigkeit. – Amen.

Evangelium: Mk 15,22–25
Und sie brachten Jesus an einen Ort namens Golgota, das heißt übersetzt: Schädelhöhe. Dort reichten sie ihm Wein, der mit Myrrhe gewürzt war; er aber nahm ihn nicht. Dann kreuzigten sie ihn. Sie warfen das Los und verteilten seine Kleider unter sich und gaben jedem, was ihm zufiel. Es war die dritte Stunde, als sie ihn kreuzigten.

Ein Ministrant schlägt Nägel in das Kreuz.

GEWISSENSERFORSCHUNG

Einführung ins Thema

Beim Betreten der Kirche haben Sie alle einen Nagel bekommen. Halten Sie den Nagel während der Feier in der Hand. Auf diese Weise wollen wir uns Gedanken machen über einzelne Handlungsfelder in unserem Leben, in denen wir hinter dem Willen Gottes zurückgeblieben und dadurch schuldig geworden sind.
Vielleicht ruft der Nagel in Ihrer Hand folgende Worte und Gedankenverbindungen, Vorstellungen und Bilder wach:
- Man muss Nägel mit Köpfen machen.
- Unsere Argumente müssen hieb- und stichfest sein.
- Umgekehrt wird gestohlen und zerstört, was nicht niet- und nagelfest ist.
- Man kann sich – im übertragenen Sinn – etwas unter den Nagel reißen.
- Es kann einem aber auch etwas auf den Nägeln brennen.
- Oft ist man selbstverständlich froh um einen Nagel, mit dem man etwas befestigen oder an dem man etwas aufhängen kann.
- Oft aber tun wir auch Mitmenschen unrecht, indem wir sie festnageln.
- Oder aber wir hängen selber etwas vorschnell aus Enttäuschung oder Verbitterung an den Nagel.
- Manchmal sind wir selber wie ver-nagelt.
- Manchmal nennen wir gar einen Mitmenschen unseren Sarg-Nagel.

Der Nagel in unserer Hand lässt alle diese Gedanken und Bilder vor unserem geistigen Auge lebendig werden. Einige von ihnen wollen wir eingehender miteinander bedenken und dabei unser Gewissen prüfen, ob wir Schuld auf uns geladen haben vor uns selbst, vor unseren Mitmenschen und insbesondere vor Gott.
Wir wollen aber noch ein Zweites miteinander tun: Der Nagel in unserer Hand soll uns daran erinnern, dass Christus mit Nägeln ans Kreuz geheftet, dass er festgenagelt wurde durch unsere Schuld und Sünde. Ein Ministrant/eine Ministrantin wird in einer symbolischen, zeichenhaften Handlung stellvertretend für uns Nägel in das Kreuz schlagen. Dadurch soll uns bewusst werden, was wir mit unserer Schuld angerichtet haben. Zugleich sollen wir aber auch begreifen, dass Christus uns unsere Schuld gleichsam aus der Hand und in sein Kreuz und Leiden hineinnimmt; dass Christus uns, indem er sich festnageln lässt, von unserer Schuld und Sünde befreit.

– Stille –

Musik: Orgel oder andere Instrumentalmusik

– Stille –

Evangelium: Joh 8,1–11
Jesus und die Ehebrecherin (siehe S. 91)

Hinführung
Wir sagen: *„Man kann den Nagel auf den Kopf treffen."*
Jesus hat bei den Schriftgelehrten und Pharisäern den Nagel auf den Kopf getroffen: Sie wollen anklagen, doch Jesus dreht den Spieß um und bringt ihnen schlagartig zum Bewusstsein, dass sie selber Sünder sind. Auch uns machen andere oft aufmerksam auf einen besonderen Umstand oder eine außergewöhnliche Situation in unserem Leben. Sie sprechen uns an auf eine schlechte Eigenschaft, einen Fehler oder eine Nachlässigkeit. Und sie treffen damit den Nagel genau auf den Kopf – das sitzt, denn da liegt wirklich unser wunder Punkt, unsere eigentliche Schwäche; ein Fehler, mit dem wir nicht zurechtkommen; ein Problem,

das wir längst lösen müssten; von dem wir vielleicht sogar abzulenken versuchen, indem wir mit dem Finger auf andere zeigen, sie zu Sündenböcken machen, wie die Schriftgelehrtem und Pharisäer es getan haben.
„Man kann den Nagel auf den Kopf treffen."

Fragen

- Wie reagieren wir, wenn der Ehepartner, die Eltern oder Kinder, Freunde oder Kollegen bei uns den Nagel auf den Kopf treffen?
- Lassen wir uns etwas sagen, oder reagieren wir empfindlich und beleidigt?
- Vertragen wir Kritik und Zurechtweisung, oder werden wir sauer, unfair und aggressiv?

Ein Ministrant schlägt Nägel in das Kreuz.

Hinführung

Wir sagen: *„Man muss Nägel mit Köpfen machen!"* und meinen damit, man dürfe nicht immer wie die Katze um den heißen Brei schleichen, man müsse Ernst machen und zur Sache kommen!
„Man muss Nägel mit Köpfen machen!"

Fragen

- Gehe ich energisch und zielbewusst zur Sache, oder schiebe ich alles, vor allem Unangenehmes, lieber auf die lange Bank?
- Drücke ich mich um Probleme herum, oder habe ich den Mut, meinen Standpunkt klar zu machen?
- Komme ich vom Hundertsten ins Tausendste, oder kann ich zupacken und durchgreifen? Kann ich selbst einen Punkt machen? Vertrödle ich meine Zeit und meine Kraft?
- Langweile ich mich selbst und andere zu Tode? Bringe ich nichts vorwärts und nichts Rechtes zu Wege?
- Versündige ich mich durch Nachgiebigkeit und versteckte Schwäche?

Ein Ministrant schlägt Nägel in das Kreuz.

Hinführung

Wir kennen das Wort vom *Sargnagel.*

Wir verwenden dieses Wort, außer für Menschen, die uns das Leben schwer machen, im Zusammenhang mit Genussmitteln, die wir im Übermaß konsumieren, die unserer Gesundheit schaden und eventuell unser Leben verkürzen. Zigaretten nennen wir z.B. „Sargnägel“, aber auch Alkohol und Süßigkeiten können sehr wohl Sargnägel sein.

Fragen

- Wie gehe ich mit meiner Gesundheit um?
- Wie wichtig nehme ich Sorgen, die sich andere um mich machen?

Ein Ministrant schlägt Nägel in das Kreuz.

– Stille –

Musik: Orgel oder andere Instrumentalmusik

– Stille –

Hinführung

„... und sie nagelten ihn fest an Händen und Füßen.“

Nichts ist leichter, als jemand festzunageln. Man braucht nur seine Schwächen auszunützen; ihn so lange zu reizen, bis er die Selbstbeherrschung verliert. Man muss nur seine Ehre, seinen guten Namen, seine Existenz untergraben.

So können Eltern ihre Kinder festnageln, indem sie diese daran hindern, erwachsen zu werden, selbstständige Entscheidungen zu treffen und eigene Lebenswege zu gehen.

In gleicher Weise können Paare sich gegenseitig festnageln. Oft betrachtet einer den anderen nicht als gleichwertigen und gleichberechtigten Partner, sondern als sein Eigentum. So kann Freundschaft und Ehe nicht zum „Himmel auf Erden“, sondern zur Fessel und zum Gefängnis, oft sogar zur Hölle werden.

„Und sie nagelten Jesus fest an Händen und Füßen!“

Frage

- Handeln wir nicht in vielfältiger Weise genauso und nageln ihn, uns selbst und andere fest?

Ein Ministrant schlägt Nägel in das Kreuz.

– Stille –

Musik: Orgel oder andere Instrumentalmusik

– Stille –

Evangelium: Lk 24,13–21
Die Jünger von Emmaus (gekürzte Fassung: siehe S. 92)

Hinführung

„Dabei haben wir alles Vertrauen in ihn gesetzt ... jetzt haben wir alle Hoffnung begraben und gehen nach Hause."
Mit diesen Worten gaben nicht nur die Jünger von Emmaus ihrer Enttäuschung Ausdruck.
So sagen auch wir bei mancher Gelegenheit und hängen alles an den Nagel: unsere Hoffnungen und Pläne, unsere Erwartungen und Ideale, unser Bemühen und unseren Einsatz.
Voll Feuer und Flamme fangen wir so manches an und mit Begeisterung sind wir bei der Sache, aber wenn es dann nicht so läuft, wie wir es erwartet haben, lassen wir schnell den Mut sinken.
„Dabei haben wir alles Vertrauen in ihn gesetzt ... jetzt haben wir alle Hoffnung begraben und gehen nach Hause."
Müde und enttäuscht hängen auch wir vieles an den Nagel.

Fragen

- Wo habe ich Dinge und auch Menschen an den Nagel gehängt?
- Wo habe ich bei auftretenden Schwierigkeiten resigniert?

Ein Ministrant schlägt Nägel in das Kreuz.

– Stille –

Musik: Orgel oder andere Instrumentalmusik

– Stille –

Ein Ministrant schlägt Nägel in das Kreuz.

Schuldbekenntnis und Vergebungsbitte

Liedruf: Beim Herrn ist Barmherzigkeit (GL 191,1)

Schuldbekenntnis
Schwestern und Brüder! Mit dem Nagel in unserer Hand haben wir Besinnung gehalten und unser Gewissen daraufhin erforscht, ob wir selber fähig und bereit sind, Nägel mit Köpfen zu machen; ob und wie wir andere festnageln, in welcher Weise wir selber ver-nagelt sind; ob wir vorschnell den Mut verlieren und dann resigniert alles an den Nagel hängen; ob Genussmittel für uns zu gefährlichen Sargnägeln werden oder ob wir gar selbst Sargnägel für einen unserer Mitmenschen sind.
Alle Schuld und alles Versagen, das wir dabei entdeckt haben, wollen wir nun vor Gott und voreinander bekennen:
Ich bekenne Gott, dem Allmächtigen ...

Zusage
Ein Ministrant hat Nägel ins Kreuz geschlagen. Dabei ist uns bewusst geworden, dass eigentlich nicht die Soldaten den Herrn gekreuzigt haben, sondern dass letztlich wir ihn festgenagelt haben durch Schuld und Sünde.
Mit unserem Nagel haben wir zugleich auch unsere Schuld und Sünde angenagelt. Christus hat sie auf sich genommen. Und indem er sich am Kreuz hat festnageln lassen, sind wir befreit und erlöst von unseren Sünden zu einem Leben in Fülle. „Er hat unsere Sünden auf sich genommen."

Ich lade Sie ein, beide Hände auszustrecken, um offen zu sein für Gottes Vergebung. Die offenen Hände sind wie eine Schale, eine Geste für unser offenes Herz, das bereit ist, zu empfangen.
Nachlass, Vergebung und Verzeihung schenke uns der allmächtige und barmherzige Herr: Der Vater, der Sohn und der Heilige Geist. – Amen.

Lied: Nun danket alle Gott (GL 266)

Zeichen setzen
Auf Ihre innere Bereitschaft zur Umkehr sollten nun auch Taten folgen. Vielleicht kann einer der beiden Vorschläge für Sie eine Anregung sein:
- Gehen Sie zu einem Menschen, dem Sie in der letzten Zeit durch Ihr Tun einen besonders großen oder spitzen Nagel eingeschlagen oder den Sie festgenagelt haben, und ziehen Sie diesen Nagel heraus, indem Sie sich mit ihm versöhnen.
- Gehen Sie zu sich selber, und versöhnen Sie sich mit sich selbst, mit den Schattenseiten, die Sie an sich selbst nicht mögen. So tun Sie sich selbst etwas Gutes.

Segen
Damit unsere guten Vorsätze gelingen, erbitte ich den Segen Gottes:
Der Herr sei mit euch. – Und mit deinem Geiste.
Der barmherzige Gott, der seinen Sohn für uns dahingegeben und uns in ihm ein Beispiel seiner Liebe geschenkt hat, segne uns und mache uns bereit, Gott und den Menschen zu dienen. – Amen.
Und Christus, der Herr, der uns durch sein Sterben dem ewigen Tod entrissen hat, stärke unseren Glauben und führe uns zur unvergänglichen Herrlichkeit. – Amen.
Und allen, die ihm folgen auf dem Weg der Entäußerung, gebe er Anteil an seiner Auferstehung und an seiner Herrlichkeit. – Amen.
So segne uns der allmächtige Gott: Der Vater, der Sohn und der Heilige Geist. – Amen.

Entlassung
Gehet hin und bringt Versöhnung und Frieden. – Dank sei Gott, dem Herrn.

Wir begegnen dem Kreuz in unserem Leben

Vorbereitung

Für die GottesdienstteilnehmerInnen: MinistrantInnen teilen an die Mitfeiernden kleine Holzkreuze aus.
Kirchenraum: Ein kleiner Baum steht beim Altar. Außerdem Bilder: Tamariske, Kreuz.
Im Altarraum steht ein einfaches Holzkreuz (evtl. von einem Schreiner anfertigen lassen). Dazu sind große Nägel und ein Hammer vorbereitet.

Einzug: Orgel

Liturgischer Gruß

Im Namen des Vaters und des Sohnes und des Heiligen Geistes. – Amen.
Der Herr sei mit euch. – Und mit deinem Geiste.

Begrüßung

Zur Bußfeier als Einstimmung auf das Fest der Auferstehung Christi möchte ich Sie alle herzlich begrüßen. Ich lade Sie ein, in diesem Gottesdienst still zu werden, Hörende zu sein und dem Wort der Verheißung Raum zu geben.

Lied: Hilf, Herr meines Lebens (GL 622)

Gebet

Gott, dein Sohn Jesus Christus verkündete dich als den Vater, in dem wir uns geborgen wissen. In der Begegnung mit ihm machten Menschen die Erfahrung, Würde und Wert zu besitzen. In seiner Nähe fanden Menschen aus Zerrissenheit und Ohnmacht heraus auf Wege des Lebens. Ihr Leben wurde heil.
Und trotzdem – oder gerade deshalb – musste er sterben: als verhöhnter, entrechteter und gedemütigter Mensch.

Doch uns gilt für immer: In seinem Sterben liegt das Geheimnis des Lebens verborgen. Aus seinem Sterben wächst uns das Werden.
Darum bitten wir durch deinen Sohn, der mit dir und dem Heiligen Geist lebt, jetzt und in Ewigkeit. – Amen.

Evangelium: Mk 15,22–25
Und sie brachten Jesus an einen Ort namens Golgota ... (s. S. 200)

Ein Ministrant schlägt einen Nagel in das Kreuz.

GEWISSENSERFORSCHUNG

Einführung ins Thema

Beim Betreten der Kirche haben Sie ein Kreuz in die Hand bekommen. Halten Sie das Kreuz auch während der Feier in der Hand. Das ist das eine Bild, das uns in der Fastenzeit begleitet.
Das andere Bild ist der Baum. Der Baum ist ein Symbol des Lebens. Er streckt seine Wurzeln aus und sucht tief in der Erde nach Wasser. Durch den dicken Stamm steigt das Wasser auf. In alle Äste und Zweige strömt es von ganz unten bis hinauf in die Baumkrone.
Auf diese Weise wollen wir uns Gedanken machen über einzelne Bereiche in unserem Leben, in denen wir hinter dem Willen Gottes zurückgeblieben und dadurch schuldig geworden sind.
Das Kreuz in Ihrer Hand ruft viele Worte und Gedankenverbindungen, Vorstellungen und Bilder wach:
Das Kreuz in unserer Hand lässt alle diese Gedanken und Bilder vor unserem geistigen Auge lebendig werden. Einige von ihnen wollen wir eingehender miteinander bedenken und dabei unser Gewissen prüfen, ob wir Schuld auf uns geladen haben vor uns selbst, vor unseren Mitmenschen und insbesondere vor Gott.
Wir wollen aber noch ein Zweites miteinander tun: Das Kreuz in unserer Hand soll uns daran erinnern, dass Christus ans Kreuz geheftet, dass er festgenagelt wurde durch unsere Schuld und Sünde. Ein Ministrant/eine Ministrantin wird in einer symbolischen, zeichenhaften Handlung

stellvertretend für uns Nägel in ein Kreuz schlagen. Dadurch soll uns bewusst werden, dass wir anderen Kreuze aufgeladen, ihnen Leid zugefügt haben. Zugleich sollen wir aber auch begreifen, dass Christus uns unsere Schuld gleichsam aus der Hand und in sein Kreuz und Leiden hineinnimmt; dass Christus uns, indem er sich festnageln lässt, von unserer Schuld und Sünde befreit.

– Stille –

Musik: Orgel oder andere Instrumentalmusik

– Stille –

Bild: Tamariske

A. WÜSTENPFLANZE ALS SYMBOL – TAMARISKE

Diese Wüstenpflanze hat Eigenschaften, hat Tricks für ihr Leben erworben, die es ihr möglich machen, in der Trockenheit der Wüste zu überleben.

1. Wurzeln knapp unter der Sandoberfläche – Verflechtung

Die Wurzeln verlaufen knapp unter der Erdoberfläche und sie spannen meterweit ein Netz aus, um so jeden Tropfen Feuchtigkeit, der in Form von Regen oder Tau vom Himmel fällt, aufzunehmen. Wenn Nomaden in der Wüste Holz sammeln, finden sie manchmal dürre Zweige, die durchaus noch Leben in sich haben und viele Meter weit unter dem Sand zu einem Gebüsch hin laufen, zur Tamariske.

Verflechtung
Es ist wichtig, dass wir Menschen in unserem Leben ein Netzwerk errichten, ein Netzwerk von Beziehungen. In diesem Netzwerk finden wir Heimat und Geborgenheit. In dem Netzwerk sind Menschen, die mich auffangen, auch dann, wenn ich in eine Krise gerate: durch Verlust des

Arbeitsplatzes, durch Scheidung, durch Zerbrechen einer Beziehung, durch den Verlust von Sinn.

Fragen

- Was tue ich, um das Netzwerk meiner Beziehungen möglichst weit zu spannen?
- Was trage ich bei, um bei Menschen Heimat und Geborgenheit zu finden?
- Welchen Menschen gebe ich Heimat und Geborgenheit, um sie in Krisen aufzufangen?
- Was trage ich in unserer Pfarrei bei, damit Menschen Heimat und Geborgenheit finden?
- Das Zentrum des Netzwerkes ist Jesus Christus – ist er das für mich?

2. *Wurzeln tief in der Erde*

Tief in der Erde ist Wasser. Die Erde hat dieses Wasser in der Regenzeit gespeichert. Nichts von dem kostbaren Nass ist verloren gegangen. Von dort bezieht der Baum das, was er zum Leben braucht. So kann er auch eine lange Trockenheit überleben. Tief unten in der Erde ist noch Wasser. Der Baum kann bis zur nächsten Regenzeit leben. Die Wurzeln geben der Pflanze Halt und reichen gleichzeitig bis an das Grundwasser in 60–70 Meter Tiefe.

Wurzeln in der Tiefe

Meine Wurzeln sind in der Tiefe. Es ist der Glaube, der mein Leben trägt. Der Glaube gibt meinem Leben Sinn. Ich lasse mich auf Christus ein, suche eine Beziehung zu ihm, eine Beziehung zu Gott.

Fragen

- Wo sammle ich das Wasser, das mich in Zeiten der Dürre und Trockenheit leben lässt?
- Wie tief sind meine Wurzeln?
- Was tue ich, um in meine eigene Tiefe zu gelangen?
- Woher beziehe ich das Leben spendende Wasser?

- Woher nehme ich in meinem Leben meine Kraft?
- Wo sind die Quellen, die meinem Leben Sicherheit und Freude geben?

3. Die Tamariske lässt dürre Äste fallen

Einen dritten raffinierten Trick hat diese Wüstenpflanze: Um die Verdunstung möglichst gering zu halten, lässt sie bei großer Hitze bestimmte Äste völlig austrocknen. Wenn die Wasservorräte in der Tiefe zu Ende gehen, lässt der Baum die äußersten Äste fallen. Sie sterben ab. Nur weil der Baum die dürren Äste abwirft, können die anderen weiter bestehen. Erst wenn es wieder regnet, erwacht das neue Leben im Zentrum des Baumes.

Bereitschaft, auf Dinge zu verzichten
Die Tamariske lässt bestimmte Partien des Baumes austrocknen. Um ein Ziel im Leben zu erreichen, braucht es die Bereitschaft, auf Dinge zu verzichten. Manchmal ist es in unserem Leben so: Wir lassen eingefahrene Gewohnheiten fallen, dann ist Platz für Neues. Es geht nicht um eine sinnlose Quälerei, sondern es geht um den Sinn des Lebens. Sinn kann sich ereignen, wenn ich bereit bin, Entscheidungen zu treffen. Und ich kann mir nicht alle Türen offen halten. Jedes Ja beinhaltet auch ein Nein.

Fragen
- Habe ich Mut zum Verzicht?
- Kann ich auch einmal Nein sagen?
- Kann ich eingefahrene Gewohnheiten fallen lassen, um so Platz für Neues zu schaffen?
- Woher beziehe ich das Leben spendende Wasser?

– Stille –

Musik: Orgel oder andere Instrumentalmusik

– Stille –

Bild: Kreuz

B. DAS KREUZ

Hinführung

Adalbert von Chamisso: Die Kreuzschau – Terzinen und Sonette (1834)
Der Pilger, der die Höhen überstiegen,
Sah jenseits schon das ausgespannte Tal
In Abendglut vor seinen Füßen liegen.

Auf duft'ges Gras im milden Sonnenstrahl
Streckt' er ermattet sich zur Ruhe nieder,
Indem er seinem Schöpfer sich befahl.

Ihm fielen zu die matten Augenlider,
Doch seinen wachen Geist enthob ein Traum
Der ird'schen Hülle seiner trägen Glieder.

Der Schild der Sonne ward im Himmelsraum
Zu Gottes Angesicht, das Firmament
Zu seinem Kleid, das Land zu dessen Saum.

„Du wirst dem, dessen Herz dich Vater nennt,
Nicht, Herr, im Zorn entziehen deinen Frieden,
Wenn seine Schwächen er vor dir bekennt.

Dass, wen ein Weib gebar, sein Kreuz hienieden
Auch duldend tragen muss, ich weiß es lange;
Doch sind der Menschen Last und Leid verschieden.

Mein Kreuz ist allzu schwer; sieh, ich verlange
Die Last nur angemessen meiner Kraft;
Ich unterliege, Herr, zu hartem Zwange." –

Wie er so sprach zum Höchsten kinderhaft,
Kam brausend her der Sturm, und es geschah,
Dass aufwärts er sich fühlte hingerafft.

Und wie er Boden fasste, fand er da
Sich einsam in der Mitte räum'ger Hallen,
Wo ringsum sonder Zahl er Kreuz sah.

Und eine Stimme hört' er dröhnend hallen:
„Hier aufgespeichert ist das Leid; du hast
Zu wählen unter diesen Kreuzen allen."

Versuchend ging er da, unschlüssig fast,
Von einem Kreuz zum anderen umher,
Sich auszuprüfen die bequemre Last.

Dies Kreuz war ihm zu groß und das zu schwer,
So schwer und groß war jenes andre nicht,
Doch, scharf von Kanten drückt' es desto mehr.

Das dort, das warf wie Gold ein gleißend Licht,
Das lockt' ihn, unversucht es nicht zu lassen;
Dem goldnen Glanz entsprach auch das Gewicht.

Er mochte dieses heben, jenes fassen,
Zu keinem neigte noch sich seine Wahl,
Es wollte keines, keines für ihn passen.

Durchmustert' hatt' er schon die ganze Zahl –
Verlorne Müh! Vergebens war's geschehen!
Durchmustern musst er sie zum andermal.

Und nun gewahrt' er, früher übersehen,
Ein Kreuz, das leidlicher ihm schien zu sein,
Und bei dem einen blieb er endlich stehen.

Ein schlichtes Marterholz, nicht leicht, allein
Ihm passlich und gerecht nach Kraft und Maß;
„Herr", rief er, „so du willst, dies Kreuz sei mein!"

Und wie er's prüfend mit den Augen maß,
Es war dasselbe, das er sonst getragen,
Wogegen er zu murren sich vermaß.
Er lud es auf und trug's nun sonder Klagen.

Hinweis: Wegen der Länge kann man den Inhalt der ersten sechs Strophen kurz in einem Satz zusammenfassen und nur die übrigen Strophen vorlesen.

1. *Die Welt ist unvollkommen*

Hinführung

Es gibt Krankheiten, die nicht selbst verschuldet sind. Es gibt Tod und Katastrophen. Dann stellen wir folgende Fragen: Warum trifft mich dieser Schicksalsschlag, diese Krankheit, dieser Todesfall? Warum geht es mir so schlecht und anderen Leuten gut? Die Fragen nach dem Warum des Bösen und des Kreuzes in der Welt sind berechtigt. Das Kreuz gibt es in jeder Familie, in jeder Gemeinschaft, im Leben eines jeden Menschen. Wir könnten bei jedem Einzelnen fragen nach dem Kreuz in seinem Leben, in seiner Familie. Wir lassen uns Zeit und hören jeden an und schauen die Kreuze an, von denen er erzählt. Ich bin überzeugt, dass wir von vielen Verletzungen und Wunden hören würden. Ich bin sicher, dass es viele Tränen gibt. Und wir würden vor manchem mit großer Hochachtung dastehen. Was hast du alles mitgemacht? Wie hast du es geschafft, dass dich das Kreuz nicht erdrückt hat?
Wo kein Kreuz ist, wohnt keiner, sagt ein altes Sprichwort. Das Kreuz ist einfach da in unserem Leben.

Fragen

- Wenn ich ein Leid oder ein Kreuz zu tragen habe, kommt mir dann die Frage: Warum gerade ich?
- Wie verhalte ich mich, wenn mich ein Leid trifft?
  Kann ich dann noch sehen, dass andre auch ein Kreuz zu tragen haben?
  Oder klage ich in meinem Leid Gott und die Welt an?
- Was mutet Gott mir und meiner Familie zu?
- Werde ich missmutig, wenn ich ein Kreuz zu tragen habe, und lasse ich es die anderen spüren?
- Welche Lebenspläne werden durch ein Kreuz durchkreuzt?

2. *Wir fügen anderen Leid zu*

Hinführung

Wir laden anderen ein Kreuz auf. Wir bekriegen einander in der Familie, in der Schule, in jeder menschlichen Gemeinschaft. Wir gefährden das Leben anderer: im Straßenverkehr, in der Umwelt. Das sind alles Kreuze, die von Menschen gemacht sind.

Fragen

- Wer in meiner Umgebung hat darunter zu leiden, dass ich ihm ein Kreuz auflade?
- Wo bekriege ich einen anderen und füge ihm Leid zu?
- Wo trage ich dazu bei, dass Menschen ein Kreuz zu tragen haben?

– Stille –

Musik: Orgel oder andere Instrumentalmusik

– Stille –

Ein Ministrant schlägt Nägel in das Kreuz.

– Stille –

Musik: Orgel oder andere Instrumentalmusik

– Stille –

Ein Ministrant stellt das Kreuz in den Ständer.

Schuldbekenntnis und Vergebungsbitte

Liedruf: Beim Herrn ist Barmherzigkeit (GL 191,1)

Schwestern und Brüder! Mit dem Kreuz in unserer Hand haben wir Besinnung gehalten und unser Gewissen daraufhin erforscht, ob wir selber

fähig und bereit sind, das Kreuz auf uns zu nehmen; ob und wie wir anderen Kreuze aufladen; ob wir vorschnell den Mut verlieren und dann resigniert den Kopf hängen lassen.
Alle Schuld und alles Versagen, das wir dabei entdeckt haben, wollen wir nun vor Gott und voreinander bekennen:
Ich bekenne Gott, dem Allmächtigen ...

Ein Ministrant hat Nägel ins Kreuz geschlagen. Dabei ist uns bewusst geworden, dass eigentlich nicht die Soldaten den Herrn gekreuzigt haben, sondern dass letztlich wir ihn festgenagelt haben durch unsere Schuld.

Ich lade Sie ein, beide Hände auszustrecken, um offen zu sein für Gottes Vergebung. Die offenen Hände sind wie eine Schale, eine empfangende Geste.

Nachlass, Vergebung und Verzeihung schenke uns der allmächtige und barmherzige Herr: Der Vater, der Sohn und der Heilige Geist. – Amen.

Lied: Nun danket all (GL 267)

Zeichen setzen
Ich möchte Sie dazu ermuntern, dass Sie auf Ihre innere Bereitschaft zur Umkehr auch Taten folgen lassen. Vielleicht können diese beiden Vorschläge für Sie eine Anregung sein:
– Gehen Sie zu einem Menschen, dem Sie in der letzten Zeit ein Kreuz aufgeladen haben, und versöhnen Sie sich mit ihm.
– Versöhnen Sie sich mit sich selbst, mit dem Kreuz, das Sie zu tragen haben. So tun Sie sich selbst etwas Gutes.

Segen
Der Herr sei mit euch. – Und mit deinem Geiste.
Es segne uns der allmächtige Gott: Der Vater, der Sohn und der Heilige Geist. – Amen.

Entlassung
Gehet hin und bringet Versöhnung und Frieden. – Dank sei Gott, dem Herrn.

Ein Netz trägt uns

Vorbereitung
Für die GottesdienstteilnehmerInnen: MinistrantInnen teilen an alle Mitfeiernden ein kleines Netz aus. (Das Netz ist ca. 10 x 10 cm groß. Lehrer und Schüler können das im Fach „Werken“ herstellen oder Ministranten- oder sonstige Gruppen in der Gemeinde!)

Einzug: Orgel

Liturgischer Gruß
Im Namen des Vaters und des Sohnes und des Heiligen Geistes. – Amen.
Der Herr sei mit euch. – Und mit deinem Geiste.

Begrüßung
Zur Bußfeier als Einstimmung auf das Fest der Auferstehung Christi möchte ich Sie alle herzlich begrüßen.
Wir versammeln uns heute miteinander vor Gott. Ihm bringen wir unser Leben, unsere Arbeit und unser Tun, unser Denken und Fühlen, unsere Sehnsüchte und Hoffnungen, unsere Sorgen und Ängste.
Wir bringen damit auch all das vor Gott, womit wir uns absondern, abschneiden und abtrennen – von ihm, der Quelle unseres Lebens, von unseren Mitmenschen und von uns selbst.
Öffnen wir unser Herz für Gottes Gegenwart, für seine Liebe und das Leben aus ihm, denn wir dürfen gewiss sein: Sein Ja zu uns gilt uns immer neu.

Lied: Hilf, Herr meines Lebens (GL 622)

Gebet
Gott, der du uns wie Mutter und Vater bist, wir sind zusammengekommen, um nachzudenken über unsere Fehler, über unsere Versäumnisse und über unsere Schuld.

Offene Ohren – offene Herzen – einen wachen Verstand! –
Darum, Gott, wollen wir dich bitten, damit dein Wort bei uns ankomme und bei uns wohne!
Darum bitten wir durch deinen Sohn, der mit dir und dem Heiligen Geist lebt, jetzt und in Ewigkeit. – Amen.

Evangelium: Joh 21,1–14
Danach offenbarte sich Jesus den Jüngern noch einmal. Es war am See von Tiberias, und er offenbarte sich in folgender Weise. Simon Petrus, Thomas, genannt Didymus (Zwilling), Natanaël aus Kana in Galiläa, die Söhne des Zebedäus und zwei andere von seinen Jüngern waren zusammen. Simon Petrus sagte zu ihnen: Ich gehe fischen. Sie sagten zu ihm: Wir kommen auch mit. Sie gingen hinaus und stiegen in das Boot. Aber in dieser Nacht fingen sie nichts. Als es schon Morgen wurde, stand Jesus am Ufer. Doch die Jünger wussten nicht, dass es Jesus war. Jesus sagte zu ihnen: Meine Kinder, habt ihr nicht etwas zu essen? Sie antworteten ihm: Nein. Er aber sagte zu ihnen: Werft das Netz auf der rechten Seite des Bootes aus, und ihr werdet etwas fangen. Sie warfen das Netz aus und konnten es nicht wieder einholen, so voller Fische war es. Da sagte der Jünger, den Jesus liebte, zu Petrus: Es ist der Herr! Als Simon Petrus hörte, dass es der Herr sei, gürtete er sich das Obergewand um, weil er nackt war, und sprang in den See. Dann kamen die anderen Jünger mit dem Boot – sie waren nämlich nicht weit vom Land entfernt, nur etwa zweihundert Ellen – und zogen das Netz mit den Fischen hinter sich her. Als sie an Land gingen, sahen sie am Boden ein Kohlenfeuer und darauf Fisch und Brot. Jesus sagte zu ihnen: Bringt von den Fischen, die ihr gerade gefangen habt. Da ging Simon Petrus und zog das Netz an Land. Es war mit hundertdreiundfünfzig großen Fischen gefüllt, und obwohl es so viele waren, zerriss das Netz nicht. Jesus sagte zu ihnen: Kommt her und esst! Keiner von den Jüngern wagte ihn zu fragen: Wer bist du? Denn sie wussten, dass es der Herr war. Jesus trat heran, nahm das Brot und gab es ihnen, ebenso den Fisch. Dies war schon das dritte Mal, dass Jesus sich den Jüngern offenbarte, seit er von den Toten auferstanden war.

GEWISSENSERFORSCHUNG

Einführung ins Thema

Beim Betreten der Kirche haben Sie ein Netz in die Hand bekommen. Halten Sie das Netz auch während der Feier in der Hand. Das Netz soll uns durch diese Bußfeier begleiten und uns Anregung sein zum Innehalten. Auf diese Weise wollen wir uns Gedanken machen über einzelne Bereiche in unserem Leben, in denen wir hinter dem Willen Gottes zurückgeblieben und dadurch schuldig geworden sind. Das Netz in Ihrer Hand ruft viele Worte und Gedankenverbindungen, Vorstellungen und Bilder wach:
Nehmen Sie bei den folgenden Worten wahr, was Sie anspricht:

GottesdienstleiterIn:	gehalten	*SprecherIn:*	gefangen
GottesdienstleiterIn:	getragen	*SprecherIn:*	durchgefallen
GottesdienstleiterIn:	verbunden	*SprecherIn:*	ausgegrenzt
GottesdienstleiterIn:	gesichert	*SprecherIn:*	eingeengt
GottesdienstleiterIn:	geschützt	*SprecherIn:*	abgegrenzt
GottesdienstleiterIn:	durchgetrennt	*SprecherIn:*	gespannt
GottesdienstleiterIn:	geknüpft	*SprecherIn:*	gerissen
GottesdienstleiterIn:	geflickt	*SprecherIn:*	verwoben

– Stille –

Musik: Orgel oder andere Instrumentalmusik

– Stille –

1. *Kontakte und Beziehungen*

Hinführung

Sein in der Welt ist wesentlich Mit-Sein. Wir werden und wachsen durch Menschen, und Menschen wachsen und werden durch uns. Kontakte, Begegnungen und Beziehungen sind wesentlicher Teil unseres Lebens:

Sie sind uns Quelle von Geborgenheit, Zugehörigkeit und Gemeint-Sein – und sie sind Grund für Verletzungen, Missverständnisse und Brüche.

Fragen

- Zu welchen Menschen hin erlebe ich angespannte oder gerissene Fäden und spüre gleichzeitig, dass es not-wendend ist, ein Gespräch anzufangen, die Beziehung anzusprechen, ein Thema auf den Tisch zu bringen, mich nicht davonzuschleichen oder um des faulen Friedens willen zu schweigen?
- Wo bin ich in Gefahr oder trage dazu bei, andere auszugrenzen, durchs Netz fallen zu lassen oder einzuengen – durch mein Reden, durch Urteile, durch gedankenlose Äußerungen, durch Unverständnis oder Unkenntnis ihrer Geschichte?
- Wo bin ich aufgerufen und woran merken andere, dass sie durch mein Netz, durch die Verbindung mit mir gestützt sind?
- Wo bin ich aufgerufen, andere in mein Netz zu nehmen, ihnen Stütze zu sein, sie an meinem Leben teilhaben zu lassen, ihnen Halt zu geben und Wärme, damit auch sie leben können?

– Stille –

Musik: Orgel oder andere Instrumentalmusik

– Stille –

2. Meine Lebendigkeit

Hinführung

Nicht nur am Leben zu sein – sondern auch im Leben – ist unsere Sehnsucht; angeschlossen und in Verbindung mit unserer Lebendigkeit und unseren inneren Kräften. Wir Menschen sind nicht nur Körper, die wie Maschinen funktionieren und im Bedarfsfall zur Reparatur gebracht werden. Wir sind Wesen mit Leib und Seele – und unser Umgehen mit uns selbst hat Auswirkungen auf die Verwobenheit von Leib und Seele.

Fragen

- Welche Haltung habe ich mir selber gegenüber?
- Welche Gedanken habe ich über mich?
- Mit welchen Augen betrachte ich mich?
- Bin ich wohlwollend zu mir selber?
- Sehe ich mich als wertvollen Menschen?
- Mit welchen Verhaltensweisen im täglichen Leben trage ich dazu bei, mich und meine Bedürfnisse immer wieder zu übergehen, den Kontakt mit mir selbst zu verlieren, mich nach anderen Notwendigkeiten zu richten – auf Kosten meiner selbst, um damit mehr zu funktionieren als zu leben?
- Gebe ich mir Raum und Zeit, innezuhalten, den Faden nach innen, zu meiner Seele, zu pflegen, horchend und wahrnehmend das Netz nach innen zu knüpfen?

– Stille –

Musik: Orgel oder andere Instrumentalmusik

– Stille –

3. Meine Verbindung mit Gott

Hinführung

Wir Menschen leben nicht nur vom Brot allein. Um wahrhaft leben zu können, sind wir angewiesen auf das, was unser Herz und unsere Seele nährt. Wir brauchen die Verbindung zum größeren Ganzen; zum Woher und Wohin unseres Lebens, zu Sinn und Ziel unseres Seins in dieser Welt. Wir brauchen die Ahnung und die immer wieder tragende Gewissheit, dass wir selbst und die Welt aufgehoben sind in der Hand Gottes.

Fragen

- Wie lebe ich meine Verbindung zu Gott, dem Göttlichen, dem größeren Ganzen?
- Was trage ich dazu bei, dass sich meine Verbindung zu Gott, dem tragenden Grund, stärken und festigen kann?

- Weiß ich, was mein Herz nährt, was meine Verbindung zu Gott pflegt, und gebe ich mir Raum und Zeit dafür?

– Stille –

Musik: Orgel oder andere Instrumentalmusik

– Stille –

Schuldbekenntnis und Vergebungsbitte

Liedruf: Beim Herrn ist Barmherzigkeit (GL 191,1)

Schwestern und Brüder! Mit dem Netz in unserer Hand haben wir Besinnung gehalten und unser Gewissen daraufhin erforscht, ob wir selber fähig und bereit sind, Netze zu knüpfen; ob wir mit anderen vernetzt sind; ob wir andere in unser Netz nehmen.
Alle Schuld und alles Versagen, das wir dabei entdeckt haben, wollen wir nun vor Gott und voreinander bekennen:
Ich bekenne Gott, dem Allmächtigen ...

Ich lade Sie ein, beide Hände auszustrecken, um offen zu sein für Gottes Vergebung. Offene Hände sind wie eine Schale. Es ist eine empfangende Geste.
Nachlass, Vergebung und Verzeihung schenke uns der allmächtige und barmherzige Herr:
Der Vater, der Sohn und der Heilige Geist. – Amen.

Lied: Nun danket alle Gott (GL 266)

Das Netz
Werner Bergengruen erzählt von einer eigenartigen Gewohnheit, die unter den Bewohnern einer kleinen Fischerinsel herrschte. War eine Frau des Ehebruchs schuldig geworden, wurde sie ohne Gerichtsverhandlung vor Sonnenaufgang vom so genannten Schwarzen Felsen ins Meer hinabgestoßen. Eine Frau der Insel war schuldig geworden, während ihr

Mann mit seinem Boot zum Fischen aufs Meer gefahren war. An dieser Frau sollte das Urteil der geschilderten Art vollstreckt werden. Vom Fischen heimgekehrt, berichtete man dem Mann vom Vergehen seiner Frau. Wortlos ging der Mann fort. Keiner sah ihn mehr an diesem Abend, und er fehlte auch, als die Männer im Morgengrauen seine Frau vom Felsen herab ins Meer stießen. Doch in den späten Vormittagsstunden verbreitete sich im Ort die Neuigkeit, man habe den Fischer und seine Frau gesehen. Und tatsächlich fand man das Ehepaar, als sei wenig passiert, in ihrem Haus. Sie hinkte ein wenig und trug an Armen und Gesicht Spuren blutiger Abschürfungen, sonst aber schien sie wohlbehalten. Was war geschehen? Die ganze Nacht über hatte der Mann gearbeitet, hatte Netze geflickt und verstärkt, Seile verknüpft und Säcke und Bettzeug mit Heu und Stroh und Moos gestopft. In der Morgendämmerung war er dann in den Schwarzen Felsen gestiegen und hatte die Netze gespannt, um damit seine Frau vor dem Tod zu bewahren.

– Stille –

Musik: Orgel oder andere Instrumentalmusik

– Stille –

Drei Wünsche

Drei Wünsche gebe ich Ihnen mit:
Ich wünsche Ihnen und uns Netze der Aufmerksamkeit, wo Gefahr droht.
Ich wünsche Ihnen und uns Netze der Liebe, die Leben ermöglichen.
Ich wünsche Ihnen und uns Netze der Verbindung, die uns anschließen an den tragenden Grund, die Quelle des Lebens, die Gott selbst ist.
Mit diesen Wünschen für Sie selber und für andere möchte ich Sie entlassen.

Segen
In dem Wissen, dass wir im Netz Gottes geborgen sind und aufgefangen werden, was immer geschieht, segne uns der allmächtige Gott: Der Vater, der Sohn und der Heilige Geist. – Amen.

Entlassung
Gehet hin und bringet Versöhnung und Frieden. – Dank sei Gott, dem Herrn.

Auszug: Orgel

Hinweis zur CD-ROM

Die dem Buch beiliegende CD-ROM soll Ihnen die Arbeit mit den Entwürfen erleichtern, da Sie vermutlich jeden Bußgottesdienst noch einmal für Ihre Situation überarbeiten wollen.
Die CD-ROM enthält den vollständigen Inhalt des Buches als PDF-Datei. Markieren Sie den gewünschten Text und kopieren Sie ihn über die Zwischenablage in Ihr Textverarbeitungsprogramm. Dort können Sie ihn dann Ihren Bedürfnissen entsprechend bearbeiten.
Die PDF-Datei selbst können Sie mit dem Reader nicht verändern.